DAS KLEINE TÄNNLEIN

DIE SCHÖNSTEN WEIHNACHTSGESCHICHTEN

VERA HEWENER

Wenn Weihnachten naht, wird die Zeit knapp. Viele Dinge sind zu klären: Ist der Tannenbaum ausgesucht? Sind alle Geschenke verpackt? Ist das Festmenue vorbereitet? Die Weihnachtsgeschichten von Vera Hewener laden zu einer Auszeit in all dem Trubel ein und „gewinnen der Adventszeit ganz besondere Momente ab" (DieWoch 11.10.2017). Das Buch versammelt sowohl heitere, nachdenkliche als auch besinnliche Geschichten zur Weihnachtszeit aus dem literarischen Werk von Vera Hewener.

Vera Hewener, Jahrgang 1955, lebt in Püttlingen als freie Schriftstellerin, mehrfach ausgezeichnet, u.a. vom Centro Europeo di Cultura Rom (I) "Superpremio Cultura Lombarda" 2001, "Superpremio Mondo Culturale", 2002; von CEPAL Thionville (F) 1. Preis Deutsche Sprache 2004, Trophäe Goethe 2007, Trophäe Mörike 2015, Wilhelm Busch Preis 2017.

Pressesplitter
„Heweners Sprache ist Rhythmus und Malerei." SZ 07.05.02. „Jedes Wort schillert und ruft ein Bild hervor." SZ 07.11.2011 „Vera Hewener versteht es meisterlich, Fiktion und Realität miteinander zu verknüpfen...viel Raum für Besinnlichkeit und Reflektion." DieWoch Buchtipp 11.10.2017. „Offensichtlich steckt auch ein Schalk in Hewener." Anja Kernig SZ 07.12.17. „Einfühlsam geschriebene Geschichten, mal heiter und komisch, mal reflektierend und nachdenklich." DieWoch Buchtipp 10.11.18.

DAS KLEINE TÄNNLEIN

DIE SCHÖNSTEN WEIHNACHTSGESCHICHTEN

VERA HEWENER

FSC
www.fsc.org
MIX
Papier aus ver-
antwortungsvollen
Quellen
Paper from
responsible sources
FSC® C105338

Die Deutsche Bibliothek verzeichnet diese Publikation in der Deut-
schen Nationalbibliografie; detaillierte bibliografische Daten sind
im Internet unter www.http://dnb.dnb.de abrufbar.

Herstellung und Verlag:
BoD - Books on Demand GmbH
In de Tarpen 42
D- 22848 Norderstedt

Printed in Germany
1. Auflage 2021
ISBN 9783755701705
9,00 EURO

Inhaltsverzeichnis

ALLER EHREN WERT

„**W**irst du wohl stehen bleiben", rief Berta der Gans zu und rannte ihr hinterher. „Du hast den Auftrag, als Festmahl an Weihnachten den Gaumen zu verzaubern. Das ist doch aller Ehren wert." Die Gans ließ sich davon nicht überzeugen, halb rannte, halb flog sie durch die Wiese hinaus in das angrenzende Waldstück. Es war nichts zu machen. Die Gans entschwand in Windeseile mit hysterischem Gegacker und Flügelschlagen.

„Kinder", erklärte Berta, als sie außer Atem wieder zurück ins Haus kam, „mit dem Festbraten wird es an Weihnachten nichts werden. Amalie ist davon geflattert. Wir müssen uns mit Kartoffeln und Vanillepudding begnügen."

„Ich hätte Amalie sowieso nicht angerührt. Sie ist meine Freundin und Freunde verspeise ich nicht", meinte klein Rita.

„So gesehen hast du Recht. Amalie ist die einzige Gans, die uns geblieben ist. Was soll's. Am besten, ihr geht sie nach dem Frühstück suchen. Wisst ihr was, ich mache für heute Abend euer Lieblingsessen, Thüringer Klöße mit Specksoße."

„Au fein", rief jetzt Peter, „das wird bestimmt der schönste heilige Abend, den wir bis jetzt gefeiert haben."

Klein Rita und der größere Bruder Peter machten sich also auf in den Wald. Sie würden Amalie sicher bald gefunden haben. Die Federspur war nicht zu übersehen. Aber sie endete plötzlich hinter einem Baum.

„Amalie", rief Rita immer wieder, „Amalie, du kannst jetzt rauskommen. Du wirst nicht gebraten. Mutter macht Thüringer Klöße."

Doch vergeblich, die Gans ließ sich nicht blicken. Etwas abseits fanden sie blutige Blätter.

„Nein", rief Rita vor Schrecken, „das kann nicht sein. Amalie hat kein Fuchs geholt. Doch nicht unsere Amalie." Rita heulte unaufhörlich auf dem Rückweg.

„Sei nicht traurig,“ versuchte Peter sie zu trösten, „irgendwann wäre auch sie gestorben. Wie all die anderen Gänse. Dieser Fuchs hat alle unsere Gänse geschnappt. Sie wird jetzt im Gänsehimmel sein.“

„Wenn Papa noch leben würde, wäre der Zaun bestimmt rechtzeitig fertig geworden“, schluchzte sie.

„Papa ist auch im Himmel“, murmelte Peter traurig.

Zu Hause angekommen lief Rita tränenüberströmt in die Arme ihrer Mutter und weinte: „Mama, Mama, jetzt ist Amalie doch tot. Der Fuchs hat sie gefressen. Dieser böse Fuchs.“ Berta versuchte, ihre Kinder zu trösten. Obschon sie selbst genau so traurig war. Sie dachte an ihren geliebten Mann, der im letzten Jahr verunglückte. Sie hätte die Gans nicht auf den Speiseplan setzen dürfen. Wenn sie geahnt hätte, dass Rita sie so sehr ins Herz geschlossen hatte, wäre sie nie auf diese Idee gekommen. Nun war es zu spät. Dieses Weihnachten würde schrecklich werden, dachte sie und betete zu Gott, dass er ihr genügend Kraft schenken würde, um die Kinder trösten zu können und wieder zum Lachen zu bringen.

Am Nachmittag schmückten sie gemeinsam den Weihnachtsbaum. Im Gänsestall bauten sie die große Krippe auf, die ihr Mann geschnitzt hatte. Sie war fast lebensgroß. Die Krippe füllten sie mit Stroh und legten Ritas Puppe als Jesuskindchen hinein. Dann gingen sie wieder zurück.

Als die Sonne untergegangen war und der Himmel voller Sterne blitzte, suchten sie in der schönsten Sonntagskleidung wieder den Gänsestall auf, um vor der Krippe Weihnachtslieder anzustimmen. Berta zündete die großen Kerzen der Windlichter an, die in jeder Ecke standen. Das Licht fiel auf die Krippe. „Ihr Kinderlein kommet“, begann Berta zu singen und Rita und Peter stimmten ein. Doch irgendetwas rührte sich in der Krippe. Es raschelte. Rita nahm ein Windlicht und hielt es über die Krippe. Ein heftiges Flügelschlagen folgte und lautes aufgeregtes Gegacker.

„Ha“, rief Rita aus, diesmal in wahrer Freude. „Da ist ja Amalie, Amalie lebt!“

Jetzt konnte auch Peter und ihre Mutter sie erkennen. Die Gans Amalie lag in der Krippe und hielt die Puppe warm. „Das glaub ich jetzt nicht", staunte Berta, „das gibt es doch gar nicht." Amalie gackerte vergnügt in der Krippe und umschlang das Puppen-Christuskind.

„Da hast Recht, Amalie, das ist auch aller Ehren wert. So hat das Jesuskindlein es schön warm." Berta strich der Gans über den Kopf. „Liebe Amalie, verzeih mir bitte, dass du in den Kochtopf solltest. Von jetzt an bist du unser Gast. Das hätte Bernhard bestimmt auch getan."

Sie sangen Weihnachtslieder, Rita nahm Amalie danach in den Arm und trug sie ins Wohnzimmer. Dort packten alle gemeinsam die Geschenke aus, aßen Thüringer Klöße und zum Nachtisch Vanillepudding mit Schokoladensoße.

DAS KLEINE TÄNNLEIN

Im Wald stöberten die Arbeiter. Es hackte und knackte, Motorsägen heulten auf. Wenn die Stämme zu Boden fielen, schallte und donnerte es wie bei einem Meteoriteneinschlag. Die schönsten Tannen für den Christbaumverkauf sammelten sich Stück für Stück am Waldrand und wurden nacheinander in den Anhänger des Lastwagens verfrachtet. Durch das Waldstück zog sich bereits eine große Schneise, als die Christbaumfäller beschlossen, dass die Anzahl der aufgeladenen Tannen für den diesjährigen Weihnachtsbaumverkauf wohl ausreichen würde. Sie stellten die Arbeit ein und fuhren davon.

Die kleinste Tanne aber blieb zurück und stand nun allein inmitten des halb gerodeten Waldstückes, streckte die jungen Zweige aus und fühlte sich verlassen.

„Ich bin für nichts gut", klagte sie, „ich bin zu klein, um als Weihnachtsbaum leuchten zu dürfen und zu dünn, um der kalten Witterung standhalten zu können. So werde ich nie ein großer Tannenbaum werden."

Jetzt begann es auch noch zu schneien. Das Tännlein fror und zitterte, niemand konnte ihm gegen den rauen Wind Schutz bieten. Der Schnee wuchs, türmte sich auf und bald sah das Tännlein wie ein Schneemann aus.

Plötzlich flitzte ein Eichhörnchen unter die Schneezweige und vergrub seine Beute. Dann wuselte es im Schnee, eine Waldmaus kam angeschlichen, sprang auf einen Zweig und dann auf den Boden. Kurz darauf flog eine Tannenmeise heran, ließ sich auf der Tannenspitze nieder und begann zu singen. Zu guter Letzt kam eine Rehfamilie aus dem Gehölz getrabt und umlagerte das Bäumchen, so dass der Wind nicht mehr ganz so arg durch die Nadeln fauchte.

Die Tannenmeise hüpfte hin und her und naschte vom Schnee. Das Tännlein war kitzlig und musste lachen. Dabei verschütteten die Zweige den überhängenden Schnee und bildeten eine kleine Schneemauer am Boden. Das war dem Eichhörnchen und der Waldmaus gerade recht.

„Danke für den Schutz", räusperte sich das Pelztier, „jetzt kann ich hier meinen Vorrat verscharren und Winterruhe halten."

Die Waldmaus piepste: „Gut, gut, für mich reicht die Höhle unter deinen Zweigen. Hier findet mich so schnell kein Fuchs." Es hörte auf zu schneien, die Rehe sprangen vergnügt um die Tanne und spielten im Schnee. Das Tannenmeislein pfiff ununterbrochen und wenn man genau hinhörte, klang es fast wie das Lied „Oh Tannenbaum".

„Ah", freute sich die kleine Tanne, „ich habe doch eine Aufgabe. Wenn ich auch noch zu klein für das Weihnachtfest bin, für die Waldtiere bin ich groß genug. Danke lieber Schnee, dass du mir das zugetraut hast, danke liebe Tiere, dass ihr euch bei mir eingenistet habt. Nun weiß ich, dass es niemand auf der Welt gibt, für den das Leben keine Aufgabe hat."

Der Schnee glitzerte und funkelte. In diesem Winter fiel er ununterbrochen vom Himmel, damit das Tännlein seiner Aufgabe gerecht werden konnte. Die kleine Gemeinschaft der Waldtiere rückte enger zusammen. So hatte jeder mehr Schutz vor der Witterung und war nicht allein. Das Tännlein indes wuchs zu einer stattlichen Größe heran und konnte im Jahr darauf als Weihnachtsbaum von den Menschen geschmückt werden, um zu Ehren der Geburt des kleinen Jesuskindchens zu strahlen und zu leuchten.

DER SCHNEEENGEL

„**M**ariechen, warum starrst du durch das Fenster und bist so traurig?" fragte mich Mutter. „Ich warte auf den Schnee. Ich wollte doch mit Karlchen einen riesigen Schneemann bauen. Die Kohlen und die Karotten liegen schon parat", antwortete ich voller Sehnsucht.

„Es wird schon noch Winter werden. Er lässt sich dieses Jahr eben etwas Zeit", versuchte Mutter, mich zu trösten.

„Aber im Winter muss es doch schneien", meinte Karlchen, „weil es im Frühling auch immer blüht."

„Weißt du", sagte Mama, „manchmal entwickeln sich die Dinge eben anders, als wir es erwarten. Wir können dem Winter nicht befehlen, dass er schneien soll."

„Wir nicht, aber der liebe Gott kann es ja tun", wünschte ich mir.

„Der liebe Gott kann dir nicht jeden Wunsch erfüllen. Er schickt schon den Nikolaus und das Christkind, um euch zu beschenken", erklärte Mama.

„Dann wünsche ich mir, dass der Nikolaus anstatt Süßigkeiten den Schnee bringt", hoffte Karlchen.

Am Abend saßen wir im Bett, falteten die Hände und beteten: „Lieber Gott, lass doch bitte den Schnee rieseln. Alle Kinder warten schon darauf. Unser Lehrer hat versprochen, sobald genug Schnee liegt, einen Klassenausflug in den Lachwald zu machen. Bitte, bitte, mach, dass es Winter wird. Wir versprechen dir auch, ganz brav zu sein und uns nicht mehr zu zanken. Und auf den Nikolausstiefel würden wir auch verzichten." Mutter stand in der Tür und hörte alles mit. Sie lächelte uns an und meinte: „So, so. Da bin ich aber mal gespannt. Wenn man jeden Tag eine gute Tat macht, sieht das der liebe Gott auch. Vielleicht würde ihn das überzeugen und einen Schneeengel schicken. Jetzt macht die Augen zu, damit ihr morgen ausgeschlafen seid." Sie gab uns einen Gute-Nacht-Kuss und knipste das Licht aus.

„Karlchen, vielleicht ist das mit der guten Tat eine gute Idee", flüsterte ich Karlchen zu.

„Meinst du? Was ist denn eine gute Tat?" fragte er.

„Der Pastor sagt immer, wir sollen Nächstenliebe üben", antwortete ich.

„Wie übt man denn Nächstenliebe? So wie Klavierspielen?" fragte Karlchen wieder.

„Vielleicht geht es darum, jemand anderem etwas Gutes zu tun, zu helfen oder zu schenken", überlegte ich.

„Ich könnte Otto mein Pausenbrot schenken. Der hat nie etwas zum Essen dabei und hat immer Hunger", meinte Karlchen.

„Ich könnte Klara meine Puppe schenken. Oder wir könnten der alten Anna im Garten helfen. Seitdem sie kaum noch gehen kann, ist sie immer schlecht gelaunt, weil sie ihren Kräutergarten nicht mehr pflegen kann", kam mir in den Sinn.

„Aber Mariechen, im Winter wächst doch gar nichts mehr", lachte Karlchen.

„Stimmt, dann fragen wir sie, ob wir für sie einkaufen gehen sollen. Darüber freut sie sich bestimmt", tat ich meine Blitzidee kund.

„Abgemacht, ich spendiere mein Pausenbrot, du deine Puppe und für Anna gehen wir zusammen einkaufen. Dann wird es ganz bestimmt schneien", gähnte Karlchen und schlief ein.

Und so setzten wir unseren Plan in die Tat um. Nach drei Tagen wurde Mutter misstrauisch. Karlchen kam immer sehr hungrig aus der Schule und nachmittags verschwanden wir nach den Hausaufgaben sofort.

„Sag mal, Karlchen, schmeckt dir dein Pausenbrot nicht mehr?" fragte sie.

„Doch, doch, es ist nur zu wenig. Ich hab seit Montag doppelt soviel Hunger wie sonst", schoss es aus Karlchen hinaus.

„Warum sagst du denn nichts. Dann mache ich dir jetzt immer zwei Brote", meinte Mama.

„Au fein", rief Karlchen. Mutter wunderte sich. „Mariechen, kannst du heute Mittag mal zum Metzger für mich gehen. Ich muss für das Wochenende vorbestellen", wandte sie sich nun an mich.

„Ja, kann ich schon, aber erst später, nach den Hausaufgaben", versuchte ich, Zeit zu schinden. „Natürlich, erst wenn du Zeit hast", sagte Mutter und wunderte sich noch mehr.

„Das können wir doch zusammen erledigen", murmelte Karlchen. Recht hatte er. „Ich hab's mir überlegt, ich erledige das gleich nach den Hausaufgaben", sagte ich nun.

„So, so", staunte Mutter und nahm ich ins Visier. Zu dumm, wir hatten ihren Spürsinn offengelegt. Nun mussten wir alles noch mehr verheimlichen. Karlchen aber freute sich. Jetzt konnte er teilen, ohne zu verzichten.

Als die Woche zu Ende ging und der Nikolaustag sich näherte, standen Karlchen und ich wieder am Fenster. Wir hofften, dass unsere Mühe endlich belohnt werden würde. Aber es fiel kein Schnee.

Nikolaus ging vorbei, die Stiefel waren trotzdem gefüllt und Anna wurde immer freundlicher. Am dritten Advent backte sie Anisplätzchen für uns. Die mochte ich ganz besonders. Dann schenkte sie noch jedem von uns eine Tafel Schokolade. Die mochte Karlchen wiederum. Anna freute sich über unsere Hilfe so sehr, dass sie meine Mutter anrief und sich für die Unterstützung bedankte.

„Sie haben so liebe Kinder, das muss ich Ihnen doch mal sagen. Jeden Tag klingeln sie und fragen, ob ich etwas brauche. Das ist wirklich großartig. Vielen Dank, dass sie mir ihre Kinder schicken, um mir zu helfen. Ich bete für sie und ihre Familie. Vergelt's Gott."

Mutter war wie vom Blitz getroffen. Ahnte sie doch richtig, dass da irgendetwas im Gange war, von dem sie nichts wissen durfte. Nun wollte sie auch erfahren, was es mit dem

Pausenbrot auf sich hatte. Sie ging in die Schule, um mit der Klassenlehrerin von Karlchen zu sprechen.

„Ja, wissen sie, der Otto stammt aus ganz ärmlichen Verhältnissen. Er hat nie ein eigenes Pausenbrot dabei. Seit drei Wochen gibt ihr Sohn Karlchen immer eins ab, damit er auch etwas zu Essen hat. Das wird sich auf die Note in Betragen natürlich positiv auswirken", lobte sie ihren Sohn Karlchen.

Mutter verstand, dass ihre Kinder die gute Tat wörtlich genommen hatten, um den lieben Gott zu bitten, es schneien zu lassen.

Wir hingegen standen am Fenster und drückten uns Abend für Abend die Nase platt.

„Mama, meinst du wirklich, dass der liebe Gott alles sieht?" fragte ich in der Weihnachtswoche.

„Ganz bestimmt. Vielleicht hat er nur zu viel zu tun so kurz vor Weihnachten. Der Schnee kommt ganz bestimmt", tröstete Mutter uns wieder.

Wir waren schon ganz entmutigt, als die Weihnachtsferien begannen. Am Abend vor Weihnachten wurden wir immer trauriger.

„Der liebe Gott hat uns vergessen", meinte Karlchen.

„Wart's ab. Morgen ist ja erst Weihnachten. Mama hat bestimmt Recht. Vor Weihnachten kann er sich nicht um den Winter kümmern, da muss er doch all die vielen Geschenke besorgen", versuchte ich, es zu erklären.

Am Morgen liefen wir direkt an die Terrassentür, aber es schneite nicht. Wir sahen uns beide an, tieftraurig und voller Zweifel. Mutter bat uns, ihr beim Schmücken des Tannenbaumes zu helfen. Das lenkte uns etwas ab. Dann kamen die beiden Omis und Opa. Wir spielten wie jedes Jahr Mensch-ärgere-dich-nicht. Die Bescherung nahte. Unter dem Tannenbaum standen zwei sehr große Pakete. Was das wohl war? Wir streiften ganz eifrig das Papier ab.

„Hurra, das sind ja Schlitten", riefen wir beide voller Freude, „jetzt fehlte nur noch der Schnee."

„Das ist nicht das ganze Geschenk", sagte Mama, „wir fahren über Silvester in den Schwarzwald, damit ihr die Schlitten auch ausprobieren könnt."

„Wirklich, wir fahren in den Schnee? Danke Mama, Danke Papa, das ist ein tolles Geschenk", freuten wir uns und küssten und umarmten unsere Eltern und Großeltern.

Als wir beim Festessen saßen, glitzerte es plötzlich im Fenster. Es sah aus, als ob uns ein Engel zuwinkte.

„Schau, ein Schneeengel, es schneit", rief ich, „schau nur Karlchen, es schneit. Es war doch nicht umsonst!" Wir liefen auf die Terrasse, hüpften hin und her, versuchten den Schnee zu fangen, lachten und herzten uns.

„Seht ihr, Kinder", sagte meine Mutter, „gute Taten sind nie umsonst. Man bekommt immer etwas zurück. Auch wenn es manchmal länger dauert."

DER DOPPELTE OCHSE ODER DAS WUNDER VON SAARLOUIS

Saarlouis, heimliche Hauptstadt des Saarlandes, benannt nach dem sogenannten Sonnenkönig Frankreichs Louis XIV. (er ließ diesen Ort 1680 als Festungsstadt von Baumeister Vauban errichten), eroberte sich vor einigen Jahren zum Leidwesen der Stadtväter und der einheimischen Bevölkerung einen eher unrühmlichen Namen. Am Morgen des Heiligabends trafen Heerscharen zunächst vorwiegend junger Menschen in der Altstadt ein, um ausgiebig zu feiern. Die Nebenwirkung dieser Veranstaltung, die übrigens ohne werbeträchtiges Zutun von Presse, Facebook & Co. entstanden war, weshalb sie auch als „Phänomen von Saarlouis" in die Zeitungsjournale einging, waren Alkoholexzesse und Handgreiflichkeiten mit der Folge, dass Weihnachten für die Familien der volltrunkenen Jugendlichen zum Alptraum geriet. Die Hinterlassenschaften der Feier, Berge von Müll, stark verschmutzte Straßen und Hauseingänge in der Altstadt, sorgten zusätzlich für Überstunden des Reinigungspersonals seitens der Stadt und auch der Anwohner.

An solch einem unheiligen Heiligmorgen büxte einem Lisdorfer Bauern ein Ochse aus. Das Rindvieh war es leid, den ganzen Dezember bis am Tag vor Heiligmorgen den Weihnachtskarren oder besser gesagt, die festlich geschmückte Kutsche durch die Stadt zu ziehen, und zwar immer vom Kleinen Markt, wo sich der Weihnachtsmarkt befand, bis hin zum Großen Markt und wieder zurück. Nicht nur, dass man das edle Tier in seiner Jugend seiner Männlichkeit beraubt hatte, es wurde von seinem Bauern immer nur von einer Arbeit zur nächsten getrieben. Dabei gestand man ihm die Schonfristen der tariflichen Lohnbeschäftigten nicht zu, es gab weder Urlaub noch Sonderurlaub.

Der Ochse Ludwig, so hatte ihn sein Bauer getauft, war das angesehenste Zugtier seiner Ochsen. Wie sein Name schon sagte, war er der König der Ochsen im Stall. Leider hatte der Bauer vergessen, ihn auch wie einen König logieren zu lassen und zu füttern. Es gab keine Extravaganzen. Damit konnte sich Ochs Ludwig noch abfinden. Aber dass er vier Wochen lang lärmende Menschen zu deren Erbauung transportieren musste, ohne dafür auch nur den Hauch einer Anerkennung zu erfahren, hatte ihn so erbost, dass er beschloss, sich in diesem Jahr auch einmal einen Heiligmorgen zu gönnen. So trat er am vierundzwanzigsten Dezember mit aller Kraft gegen die Stalltür, bis sie aufsprang, nahm etwas vom herum liegenden Weihnachtsschmuck zwischen die Hörner und trabte nach Saarlouis in die Innenstadt. Der Weg dorthin war ihm ja bestens bekannt.

Am Kleinen Markt nahm er die Verwunderung der Passanten wahr. Manche meinten, dass es sich um eine neue touristische Attraktion handelte, als ein einzelner Ochse, dekoriert wie ein Weihnachtsbaum, über den Weihnachtsmarkt lief. Womöglich war dies ja so eine Sache wie das Passionsspiel mit dem Kreuzweg Via Crucis, für welches Saarlouis über die Landesgrenzen hinaus bekannt war. Später würde sich sicher ein Esel hinzugesellen oder andere Tiere und die ganze Prozession würde an der Ludwigskirche enden. Ochs Ludwig nahm zwar das irritierte Staunen und die Ausrufe der Kinder wahr, konnte sich darauf aber keinen Reim machen.

Unbehelligt ob der Einschätzung der Passanten trottete er weiter und bog in die Altstadt ein. Sein Schnaufen, er musste mal Luft schnappen nach der ganzen Anstrengung, denn der Jüngste war er auch nicht mehr, löste sofort Aufmerksamkeit aus. Das Gedränge veranlasste ihn, aufzustampfen, um sich Durchlass zu verschaffen.

Für die jungen Menschen sah dies jedoch aus, als befänden sie sich in einer Arena und ein Stier würde gerade ausholen, Weihnachtsschmuck hin, Weihnachtsschmuck her, um den Matador auf die Hörner zu nehmen. Sie konnten nicht zwischen einem wild geworden Stier und einem abgerichteten Arbeitstier unterscheiden. Schließlich hatte er bereits das Lametta aufs Korn genommen. Sie gerieten in Panik. Lauthals fingen sie an zu schreien, ließen Glühwein, Bier oder was sie sonst gerade in der Hand hielten, auf den Boden fallen und machten sich buchstäblich aus dem Staub. Die Straßenecken leerten sich Schritt für Schritt. Sogar die Wirte und das Personal flüchteten aus Angst vor ihm in die Kneipen hinter die Glastüren und brachten sich so in Sicherheit.

Ochs Ludwig konnte das nicht verstehen. Er wollte mit seinem Scharren doch nur um Durchlass und eine Schüssel Wasser bitten. Man behandelte ihn aber wie einen Aussätzigen, nicht wie einen gewöhnlichen Gast, geschweige denn wie eine königliche Herrschaft auf Sonderurlaub. Seine Augen versanken in der braunen, ledrigen Haut, sein Blick wurde immer tiefer und immer trauriger. So hatte er sich das nicht vorgestellt.

Angesichts dieser Ablehnung wandte er sich ab von den engen Gassen und lief auf den Großen Markt zum Brunnen, wo er sich dann selbst mit Wasser verköstigte. Alles war so seltsam still geworden, keine menschliche Gestalt wollte sich ihm nähern, nicht eine menschliche Seele war mehr zu sehen. Da erblickte er beim Herumstöbern den Eingang zur Ludwigskirche. Schön dunkel war es, so wie in seinem Stall. Dieser Einladung konnte er nicht widerstehen. Er trabte in die Kirche, ging durch den Mittelgang bis hin zum Altarraum. Er entdeckte auf der linken Seite des Kirchenraumes einen Leidensgenossen. Ein Ochse stand da vor ihm in der Kirche. Dies munterte ihn wieder auf. Er stellte sich kurzerhand neben den künstlichen Ochsen an die Krippe und verfiel sofort in die gleiche Starre wie sein Nachbar, um sich auszuruhen.

Stunden vergingen. Es musste wohl kurz vor Mitternacht gewesen sein, als die ersten menschlichen Gestalten in die Kirche kamen. Sie gingen geradewegs an die Krippe und bewunderten die lebensgroße echte Darstellung. Die Krippengestaltung löste bei allen eine freudige Überraschung aus. Gleich zwei Ochsen bewachten das Jesuskind. Die Kinder freuten sich ganz besonders und flüsterten sich zu: „Da stehen ja zwei Ochsen im Stall. Das ist eine wunderbare Ochsvermehrung". Einige wären am liebsten hineingegangen, um die Ochsen und den Esel zu streicheln. Die Erwachsenen hielten sie aber zurück. Schließlich war die Krippe kein Streichelzoo.

Ochs Ludwig nahm die freudige Stimmung auf und empfand dies wie Dankbarkeit, die er doch so schmerzlich vermisst hatte. Als schließlich die Orgel erklang und die Christmette gefeiert wurde, fühlte er sich wie ein König in Frankreich, der Hof hielt. Denn er stand neben dem König der Könige, dem kleinen Jesuskind in der Krippe.

Als die nächtliche Feier endete und der letzte Ton der *Stillen Nacht* des vorzüglich singenden Kirchenchores verklungen war, machte er sich wieder auf den Heimweg. Es war nun sehr dunkel geworden. Das Mondlicht, es schien in dieser klaren Nacht wirklich sehr hell, und auch die unzähligen Sterne über ihm leuchteten wie Laternen für ihn den Rückweg aus.

Am nächsten Morgen sah der Bauer beim Füttern, dass Ludwig zwischen seinen Hörnern noch immer Weihnachtsschmuck trug. Er schmunzelte und dachte, dass sein bester Ochse im Stall sich für die Festtage wohl herausgeputzt hätte und gab ihm einen besonderen Festtagsschmaus.

In der Kirche aber wunderte man sich, dass im Heiligen Hochamt nun ein Ochse fehlte. Dank dieser Attraktion kamen viele der Christmettenchristen noch einmal in die Heilige Messe, was für eine Schlange vor der Kirche sorgte. Sie alle wollten sich von der Ochsenvermehrung überzeugen. Aber nun fehlte er.

Man soll sich erzählt haben, dass wohl in der Christmette ein Wunder geschehen sein musste. Die Zeitungen berichteten diesmal nicht von dem fehlgeleiteten Verhalten junger Menschen sondern von dem „Ochswunder" von Saarlouis, das dafür verantwortlich gewesen sein soll, dass die Altstadt an diesem Heiligmorgen von dem überbordenden Unrat verschont geblieben war, weil die Besucher rechtzeitig die Innenstadt verlassen hatten. Ein Ochse hätte für Ordnung gesorgt. Zuletzt sei dieser „wundersame Ochse" in der Ludwigskirche während der Christmette gesehen worden. Ob jemals wieder ein doppelter Ochs in besagter Kirche stand, ist leider nicht überliefert.

Man möge mir verzeihen, dass ich den Ordnungsmaßnahmen der Stadt und der Polizei vorgegriffen habe. Aber Wunder geschehen nun mal nicht alle Tage.

DIE KRIPPE VON ST. BLASIUS

Es war der erste Adventssonntag und alles strömte in die Kirche von Sankt Blasius. Der Pfarrgemeinderat hatte beschlossen, die Krippe in diesem Jahr zu vergrößern. Hierzu wurden noch Freiwillige gesucht, die sich am Aufbau und an der Ausgestaltung beteiligen wollten, stand im Pfarrboten schon im Juli.

Das war der Anlass, weshalb wir es vor lauter Vorfreude auch nicht mehr erwarten konnten, in die Kirche zu gehen, um die neue Krippe anzuschauen und den Adventskranz zu bestaunen, welcher an großen Seilen von der Decke der Kirche herunterhing.

Mutter hatte uns alle besonders schön angezogen, denn sie wollte nicht, dass sich irgendjemand über unser Aussehen mokieren konnte. Schließlich war sie eine gute Mutter, die sich um die Familie sorgte und kümmerte.

In der Kirche musste ich meine Hände aus dem Muff nehmen, denn Mutter hatte vorher gesagt, so was gehöre sich in der Kirche nicht. In der Kirche müsse man fromm sein, dürfe die Hände nicht in die Taschen stecken und müsse ganz still sein.

So standen wir nun andächtig vor der neuen Krippe. Der Stall war viel größer als vorher und mit richtigem Stroh gedeckt. Die Figuren waren in Originalgröße von einheimischen Künstlern gefertigt worden. Maria und Josef knieten davor und rundherum standen Schafe und ein Hirte. Das Jesuskindchen lag halb nackt in einem weißen Hemdchen in einer Wiege.

„Mama", flüsterte ich, da ich wusste, was sich gehörte, „Mama, das Jesuskind muss aber kalt haben. Es hat nur ein ganz kurzes Hemdchen an. Da hat Maria aber nicht gut gesorgt."

Mutter lächelte. „Mariechen, die Mutter Gottes hatte damals nichts anderes. Es gab nur Stroh in der Hütte, in der

Jesus zur Welt kam", erklärte meine Mama. „Aber warum hat sie dann ihren Schleier nicht abgenommen und ihr Kind damit eingewickelt. Du hättest das bestimmt getan!" „Mariechen," meinte Mama, „damals trugen alle Frauen Schleier. Man bedeckte das Haar. Das gehörte sich so." „Nackt vor anderen Leuten in der Krippe zu liegen gehört sich aber nicht, Mama. Wir dürfen doch auch nicht nackt herumlaufen," sagte ich verständnislos. „Mariechen, das ist doch nur eine Steinfigur. Damals, als Christus zur Welt kam, hat ja niemand zugeschaut." Da hatte Mama wohl recht. Wer konnte schon zusehen, wenn ein Kind zur Welt kam. Aber neulich im Religionsunterricht hatte der Pastor behauptet, es sei eine Sünde, nackt herumzulaufen und sich nackte Menschen anzusehen.

„Mama", versuchte ich weiter zu flüstern, „wir werden aber alle zu Sündern, wenn wir uns nackte Menschen ansehen, das hat unser Pastor gesagt."

„Das tut man auch nicht. Aber das Jesuskindchen ist ja kein Mensch. Er ist der Sohn Gottes."

„Hat denn der liebe Gott auch eine Tochter?" fragte Karlchen neugierig.

„Nein, er hat keine Tochter", sagte Mama.

„Aber warum denn nicht?" staunte Karlchen. Mittlerweile waren noch mehr Eltern mit ihren Kindern gekommen und standen um uns herum.

„Papa", zupfte ich an seinem Arm, „Papa, wenn Gott nur ein Kind hatte, warum bringt der dann den anderen Frauen so viele Kinder?"

„Mariechen", sagte jetzt Mutter, „du sollst nicht soviel in der Kirche reden. Das tut man nicht. Das ist auch eine Sünde."

Warum sollte das jetzt eine Sünde sein, fragte ich mich, wo doch unser Pastor ununterbrochen im Gottesdienst redete. „Wenn das eine Sünde ist, weshalb darf dann der Pastor reden und auch noch so laut?" entrüstete ich mich.

„Mariechen", seufzte Mama, „der Pastor betet. Er verkündet das Wort Gottes. Das ist seine Aufgabe."

So war das also. Der Pastor durfte reden, aber Kinder nicht. Er hatte mehr Rechte. Das konnte ich einfach nicht glauben. Gott liebte alle Menschen gleich. Das hatte selbst der Pastor schon gesagt.

„Das würde ja bedeuten, dass Gott die Pastoren mehr liebt als andere Menschen!"

„Liebt Gott die Kinder nicht mehr?" fragte jetzt ein Mädchen, das hinter mir stand.

„Gott liebt alle Kinder", beschwichtigte dessen Mutter.

„Mariechen", mahnte jetzt mein Vater, „hör bitte auf deine Mutter. Wir werden nachher darüber reden."

„Aber das Jesuskindchen friert doch. Darf ich es nicht mit meinem Schal zudecken?" fragte ich besorgt.

„Niemand darf an die Krippe gehen. Das ist verboten!" sagte Papa.

Warum das wohl verboten war, wo doch vorher, als wir gerade in die Kirche kamen, eine Marienschwester vom Altar aus an die Krippe gegangen war, um eine Kerze anzuzünden. Das konnte ich ganz und gar nicht verstehen.

„Wieso darf dann die Schwester an die Krippe gehen und wir Kinder nicht?" bohrte ich weiter.

„Mariechen, wirst du wohl jetzt still sein!" sah mich Mutter streng an. Da war der Blick, mit dem sie sonst immer sagte, ich solle auf mein Zimmer gehen. Ich verstand, es gab verschiedene Arten, nackt zu sein und eine Sünde war nicht immer eine Sünde. Dass aber Gott jetzt auch noch Unterschiede mit seiner Liebe machte, empfand ich als ungerecht.

„Liebes Kind", sagte da plötzlich die Schwester, die inzwischen hinzugekommen war, um vor der Krippe nach dem Rechten zu sehen, „der liebe Gott hat alle Kinder lieb, Söhne und Töchter, alle sind Kinder Gottes, er macht keinen Unterschied."

„Aber zwischen den Frauen schon. Schwestern dürfen an die Krippe gehen, andere nicht!"

„Ja weißt du, wir Schwestern sind mit Gott verbunden."

„Aber wenn ich bete, bin ich doch auch mit Gott verbunden."

„Liebes Kind, Schwestern sind die Bräute Gottes. Sie weihen ihm ihr Leben."

„Dann hat Gott ja ganz viele Frauen. Das würde ja bedeuten, dass Papa noch mehr Frauen heiraten dürfte als Mama!"

„Die Liebe zu Gott ist etwas anderes als die Liebe deiner Eltern zueinander," erklärte die Schwester.

„Dann kann Gott sich selbst keine Kinder mehr machen?" fragte ich erschrocken, „hat er deshalb nur einen Sohn?"

Jetzt sahen uns alle erwartungsvoll an. Es war plötzlich ganz still in der Kirche.

„Mariechen", bemühte sich mein Vater zu erklären, „der liebe Gott hat selbst nur einen Sohn, weil er die Menschheit erlösen wollte, damit alle in den Himmel kommen können."

Das war also die Erklärung, der liebe Gott wollte nur die Menschheit erlösen.

„Papa", flüsterte ich jetzt so leis ich konnte, um nicht noch mehr zu sündigen, „Papa, hat der liebe Gott deshalb gesagt, lasset die Kinder zu mir kommen, denn ihnen gehört das Himmelreich?"

ALS IM KÖLLERTALER DOM DAS LICHT AUSGING

Die Kirche würde proppenvoll werden, hundertprozentig. Der einzige Chefdirigent, Musikprofessor und Domkapellmeister, der aus Püttlingen stammte, gestaltete mit seinem Sinfonieorchester und dem Chor in diesem Jahr die Christmette im Köllertaler Dom, so hieß die Pfarrkirche in der Stadt, weil zwei große aufragende Türme den Eingang flankierten. Der Förderverein hatte eine große Werbeaktion gestartet. Alle kamen, die Müllers, die Meyers, die Maurers, kurzum alles was Rang und Namen hatte. Die Bevölkerung strömte bereits dreißig Minuten vorher in das Kirchengebäude, denn nur die ersten Reihen waren für die Honoratioren der Stadt reserviert. Selbst die Ministerpräsidentin, die ebenfalls aus dieser Stadt stammte, hatte sich angesagt.

Tagelang war man damit beschäftigt gewesen, den Kirchenraum zu schmücken. Festlicher als festlich wurde er ausstaffiert, alle Kerzenhalter und Zelebrationsgefäße poliert, die eigens hierzu ausgesuchten Tannenbäume links und rechts neben dem Hochaltar aufgestellt und mit roten und goldenen Glocken, Strohsternen und viel Lametta prachtvoll geschmückt. An den Kirchenbankreihen des Hauptschiffes prangten Bögen aus Tannenzweigen mit roten und weißen Weihnachtssternen, zusammengehalten von seidenen, bodenlangen weißen Schleifen. Die Ministranten waren dazu eingeteilt, die Beleuchtung einzurichten für die Tannenbäume, die Kerzen und die Krippe. Aus Brandschutzgründen wurden nur vor dem Altar weiße Wachskerzen in den prunkvollen Kandelabern befestigt. Bei soviel öffentlichen Persönlichkeiten durfte man kein Risiko eingehen, schließlich stammte selbst der Polizeipräsident aus der Köllertalstadt.

Selbstverständlich empfanden die Messdiener es als eine große Ehre, den Pfarrer der Kirche bei diesem Gottesdienst zu unterstützen. Nur Ministrant Michael aus der vierten Klasse durfte nicht mithelfen. Seitdem er zum Geburtstag einen elektrischen Baukasten geschenkt bekam, war nichts mehr vor ihm sicher. Ständig löste er einen Kurzschluss aus. Die Eltern waren bereits völlig entnervt, denn er wollte unbedingt für die weihnachtliche Außenbeleuchtung ihres Anwesens sorgen. Und da der kleine Michael nicht hören wollte und es auch als eine Schmach empfand, von den Vorbereitungen der Beleuchtung ausgeschlossen worden zu sein, er war schließlich Klassenbester, beschloss er kurzerhand, sich nach der Generalprobe davon zu überzeugen, dass seine Mitstreiter auch alles richtig gemacht hatten. Außerdem kam er auf die Idee, den Gottesdienst mit einem besonderen Glockengeläut zu bereichern. Nach der Predigt sollten sämtliche Glocken erschallen, als Zeichen der rühmlichen Geburt des kleinen Jesuskindchens.

Hierfür wartete er, bis alle nach der Generalprobe den Kirchenraum verlassen hatten. Er lief hinter die Krippe, die vor dem rechten Seitenaltar aufgebaut war, um sein Werkzeug zu holen, das er dort vorher versteckt hatte. Für das Hinzuschalten des Glockengeläutes benötigte er seiner Meinung nach ja nur eine Überbrückung zum Haupttransformator der Beleuchtungsanlage. Der Glockenturm wurde schließlich nicht mit Starkstrom betrieben. Das zumindest hatte er erfragt. Die erste Bank, die Krippe und die unteren Zweige der Tannenbäume bestückte er zusätzlich mit solarbetriebenen Lichterketten, die er tagelang vorher in die Wintersonne hing, damit sie sich aufladen konnten.. Als er alles installiert hatte, verließ er die Sakristei durch das Fenster der Toilette, denn das Gotteshaus wurde nach der Generalprobe verschlossen.

Als sich vor Beginn der Christmette alle begrüßt, zugenickt oder zumindest zugewunken hatten, ließen sie sich auf den Kirchenbänken nieder. Die ganze Messdienerschar, zu der auch Michael gehörte, kam unter brausenden Orgelklängen aus der Sakristei gepilgert, wandelte das rechte Seitenschiff hinunter, um vom Eingangsportal aus wieder durch das Hauptschiff zum Altar zu ziehen. Das Eingangslied wurde angestimmt. „Tauet Himmel, den Gerechten, Wolken regnet ihn herab", schallte es durch den Sakralraum. Der feierliche Gottesdienst begann, die Lektorin las aus dem Brief des Paulus an Titus: „Die Gnade Gottes ist erschienen, uns alle zu retten…" Ein Halleluja-Wechselgesang zwischen Kantor und Gemeinde folgte. Während dessen ging der Pfarrer, begleitet von zwei Messdienern, mit dem Evangelienbuch an das Pult, legte es dort ab, schwenkte den Weihrauchkessel hin und her und begann, das Evangelium nach Lukas vorzulesen. „Es begab sich aber zu der Zeit…"

Der kleine Michael hatte sich inzwischen unbemerkt hinter die Krippe geschlichen, um den Abschluss der Predigt nicht zu verpassen, denn dort stand sein Umschalttransformator, der das Geläut in Gang bringen sollte. Die Predigt dauerte gut fünfzehn Minuten. Die Menschen wurden dazu aufgerufen, sich wie Brüder und Schwestern zu verhalten. Dann kam der große Moment. Michael drehte den Schalter nach links. Stromausfall im Kirchenschiff, die gesamte Beleuchtung fiel aus, es wurde stockdunkel. Nur die Kerzen vor dem Altar brannten noch. Ein unruhiges Raunen machte sich breit, manchen entwich ein ängstlicher Schreckensruf. Plötzlich erschallte das Glockengeläut und nach einem kurzen Moment der Dunkelheit fingen die Solarlichterketten an zu flackern, so als wollten sie den geheimnisvollen Zauber dieser Nacht den Christen noch einmal vor Augen führen. „Oh", entwich es den nun staunenden Gottesdienstbesuchern voller Entzücken.

Gut, dass wenigstens die Orgel mit einem eigenen Stromkreis abgesichert war. Der Organist griff in die Tasten und spielte blind, der Chor stimmte das Credo an. Jetzt zahlte es sich aus, dass sie so intensiv geprobt hatten und die meisten alles auswendig singen konnten. Nachdem das Glockengeläut verstummt war, drehte Michael den Schalter wieder um und, welch ein Wunder, die Beleuchtung funktionierte wieder.

Am nächsten Morgen im Hochamt erzählte man sich von dem kurzzeitigen Stromausfall, dem ergreifenden Zauber des Glockengeläuts und der Notbeleuchtung. Da die Überprüfung der elektrischen Leitungen keinen Fehler erkennen ließ, vermutete man, dass wohl der Herre Christ die Glocken eingeschaltet hatte, um sich für das feierliche Fest zu bedanken. Ministrant Michael indes freute sich riesig über die Begeisterung der Kirchgänger, welche er durch seinen, wenn auch nicht perfekten, aber dennoch unbekannten und unerlaubten Einsatz, ermöglicht hatte. Bis heute weiß übrigens niemand, wer den Herre Christ bei dieser wundersamen Aktion unterstützt hatte.

WIE AUS OCHS LUDWIG EIN TANNENBAUM WURDE

Es war einer der schneereichsten und kältesten Winter der letzten Jahre, als Bauer Lonsdorfer am frühen Nachmittag den Ochsenkarren für den alljährlich stattfindenden Weihnachtsmarkt von Saarlouis ausstaffierte. Ausgepolstert mit weißen Lammfellen und dicken roten Wolldecken stand er im Hof vor der Ausfahrt des Stalles, so gemütlich und einladend, dass er gern selbst in diesen Kokon aus Wolle hineingeschlüpft wäre, um sich vor dem Schneefall und der Kälte zu schützen. Aber er war der Fahrer, der seinen Ochsen vor den Karren spannte. Dieses Jahr würde die Witterung ihm allerhand Durchhaltevermögen abverlangen. Was soll's, er würde sich mit einer gehörigen Portion seines Lisdorfer Pflaumenwassers versorgen und sich von innen wärmen. Schließlich kostete eine Kutschenfahrt sieben Euro für Kinder, Erwachsene zahlten zehn Euro. Leicht verdientes Geld, wenn er an die knochenharte Feld- und Stallarbeit dachte, um den Lebensunterhalt für seine Familie zu erwirtschaften.

Ochs Ludwig scharrte schon mit den Vorderhufen. Er brummte voll Ungeduld, denn er wollte ebenfalls wie ein Tannenbaum geschmückt werden, damit die Kinder ihn bewunderten. Ochs Ludwig genoss es nämlich, wenn man ihn ansprach und lobte. Er fand, dass ihm dies als König der Ochsen im Stall von Bauer Lonsdorfer zustand. Denn schließlich war er auch nur ein Mensch.

„Ja, ja, du bekommst deinen Teil noch ab", beruhigte ihn sein Bauer, der nicht vergessen hatte, dass sein Ochse im letzten Jahr an Heiligabend selbst den Weihnachtsschmuck auf die Hörner genommen hatte. Er griff in die Dekorationskiste und warf goldene Girlanden und Lametta über den

Kopf, das Gehörn und den Rumpf des Rindviehs und verteilte es.

Was er nicht bemerkte waren die Bündel Wunderkerzen, die sich in den Girlanden verfangen hatten und nun lose zwischen dem Weihnachtschmuck am Kopf und Rumpf des Tieres hingen oder abstanden.

„So, ist das nun genug?" fragte der Gutsherr. Ochs Ludwig schnaubte und drehte den Kopf. „Dann komm jetzt nach vorn, damit ich dich anschirren kann."

Ochs Ludwig tat wie befohlen und trabte vor den Karren. Bauer Lonsdorfer spannte das Geschirr an und verschwand noch einmal im Haus, um seinen Proviant und das Pflaumenwasser im Rucksack zu verstauen. Er legte den Rucksack auf den Bock, stieg hinauf und setzte sich in winterlicher Montur neben seinen Rucksack.

Er war in eine Art Wintertracht gekleidet mit langer brauner Lederhose, braunen Lederstiefeln, braunen Lederhandschuhen, weißem Hemd, blauer Weste, blauer Wollmütze, brauner Lederjacke und darüber einen roten Umhang geschlungen.

„Nun, König Ludwig, auf geht's. Lass uns den Leuten königlichen Spaß und Freude bringen."

Ochs Ludwig schnaubte hörbar und setzte sich in Bewegung. Bauer Lonsdorfer nahm den ersten Schluck Pflaumenwasser, um die Kälte erst gar nicht aufkommen zu lassen. Das Gefährt trabte entspannt und guten Mutes in die Innenstadt.

Am vorgesehenen Standplatz angekommen wartete bereits Bauer Ecker mit seinem Weihnachtsgespann. „Ganz schön kalt heute", meinte sein Kompagnon, der die gleiche Wintertracht wie Bauer Lonsdorfer anhatte. Er trampelte mit den Beinen umher und stapfte die Stiefel auf den Boden, um nicht von der Kälte eingeholt zu werden.

„Das kann man laut sagen, saukalt, wenn du mich fragst", erwiderte Bauer Lonsdorfer und stellte sein Fuhrwerk auf seinen Standplatz neben diesen. „Da muss man sich von innen wärmen." Er packte seinen Rucksack, wühlte darin herum und nahm seine Trinkflasche heraus.

„Willst du ein Schlückchen auf den Schnee?" fragte er.

„Na klar, dein Pflaumenschnaps ist doch der Beste von hier", sprach's, nahm den ihm angebotenen gefüllten Becher und trank ihn aus. Auch Bauer Lonsdorfer genehmigte sich noch einen.

„Bist du frei?" fragte ihn ein etwa zehnjähriger Junge.

„Klar. Du brauchst nur einzusteigen", sagte der Fahrer.

„Prima. Mama, die Kutsche ist frei", rief er seiner Mutter zu, die sich mit ihrer Freundin unterhielt, die ebenfalls mit ihren Kindern unterwegs war.

„Wie viel passen denn da rein?" fragte sie herbeigeeilt.

„Vier Kinder gehen schon", erklärte Bauer Lonsdorfer.

„Was kostet die Fahrt?" wollte sie wissen.

„Pro Kind sieben Euro", sagte er.

„Gut, dann zahle ich für vier Plätze", erwiderte sie und rief ihre Freundin und die anderen Kinder herbei.

„Wie ist die Route und wie lange dauert die Fahrt?" wollte sie nun wissen.

„Vom kleinen Markt zum großen Markt und wieder zurück. Dreißig Minuten werden es schon werden." „Nun kommt schon", rief der Junge seinen Freunden zu und kletterte in die Kutsche. Als alle sich in die Decken eingekuschelt hatten, schnaubte Ochs Ludwig kurz und los ging es.

Sechsmal fuhr er hin und her, jede Fahrt von einem Becher Pflaumenschnaps begleitet. Als es dämmerte, begann es wieder zu schneien. Die Lichter hoben sich von der frühen Dunkelheit ab, der ganze Weihnachtsmarkt strahlte und funkelte. Ochs Ludwig gefiel dies sehr.

Auf seiner letzten Tour machte er vor der großen, reich geschmückten Tanne kurz halt, um sie zu bewundern, bevor er ordnungsgemäß auf mehrmaliges Geheiß des nun angetrunkenen Bauern auf seinen Stehplatz trabte.

Ach, dachte Ochs Ludwig, wenn ich doch auch wie dieser Baum funkeln und blitzen könnte! Dann würden mich alle beachten und hoffieren. Sicher, sein Bauer hatte ihn ebenfalls mit Girlanden geschmückt. Doch die Aufmerksamkeit der Gäste hielt sich dennoch in Grenzen. Er war halt bloß ein Nutztier. Für einen König nicht angemessen, wie er fand.

Bauer Lonsdorfer und Bauer Ecker unterdessen genossen wieder den heimischen Pflaumenschnaps und begannen aufgeheitert, unter dem Flockenspiel des taumelnden Schnees zu tanzen und lautstark Weihnachtslieder zu singen. Die umstehenden Passanten drehten sich ihnen zu. Sie dachten wohl, dass das Kutscherduo zur Weihnachtsattraktion gehörte und applaudierten. Schließlich sahen sie in ihrer Montur aus, als ob sie einem Postkartenbild entsprungen seien.

Angefeuert von den Zuhörern sangen sie weitere Weihnachtslieder und ermunterten die Passanten, miteinzustimmen in den Chor. Erst zögerlich, dann doch hörenswert erklang über den kleinen Markt der Weihnachtschor der Passanten. Was zu einer noch größeren Ansammlung von Besuchern führte. Denn neugierig geworden, wollten die anderen Besucher diese Attraktion ebenfalls nicht verpassen.

Als die beiden sich in eine ausgelassene Festtagsstimmung hinein gesungen hatten und die letzte Strophe des Liedes *Fröhliche Weihnacht* verklungen war, wollten sie sich noch eine Zigarre auf das gute Geschäft gönnen. Bauer Lonsdorfer lehnte sich an Ochs Ludwig an, weil er nicht mehr gerade stehen konnte und ins Schwanken geraten war.

„Warte", sagte Bauer Ecker und kramte erfolglos in seinem Proviantbündel nach einem Feuerzeug. Die Passanten kamen zu Hilfe und hielten Bauer Lonsdorfer brennende Zündhölzer und Feuerzeuge hin. Sie kamen ihm so nahe, dass die Flammen die Enden der gebündelten Wunderkerzen, die aus den Girlanden am Rumpf von Ochs Ludwig herausragten, erreichten und entzündeten. Ochs Ludwig stand plötzlich im funkelnden Sprühgewitter der Wunderkerzen und glühte auf wie ein Weihnachtsbaum.

„Aah", rief die ganze Gemeinde, „seht nur, ein Tannenochsbaum!" Sie applaudierten diesem ungewöhnlichen Zunder. Manche zückten die Handys und machten Fotos zur Erinnerung.

Ochs Ludwig, der den Zündgeruch vernahm, stampfte auf, scharrte mit den Vorderhufen, brüllte und blickte in die aufgewühlte Menge. Er dachte, dass der aufbrausende Applaus wohl ihm und seiner königlichen Würde galt und hob zur Freude der Zuseher den Kopf. Als die Wunderkerzen ausgesprüht hatten, löste sich die Versammlung langsam wieder auf. Bauer Lonsdorfer jedoch erschrak über das unvorhergesehene Feuerwerk und war mit einem Schlag wieder nüchtern. Er wollte doch nicht, dass sein bestes Zugtier im Stall in Gefahr geriet. Mit schlechtem Gewissen manövrierte er die Kutsche mit Zugtier hinaus aus der Gefahrenzone und machte sich mit ihm auf den Heimweg. Im Stall angekommen, schirrte er Ochs Ludwig wieder aus, rieb die Haut ab und suchte akribisch nach Brandspuren. Gottseidank trug er keine Blessuren davon.

„So, Ludwig", sagte er, „jetzt kannst du dich ausruhen. Morgen machen wir eine Pause, damit du dich von diesem Schreck wieder erholen kannst." Ochs Ludwig aber war voller Stolz darüber, dass ihn die Menge wie den großen Tannenbaum auf dem kleinen Markt angehimmelt und ihm anerkennend applaudiert hatte. Er hob den Kopf, sah den Gutsherrn an und schnaubte.

In der Ausgabe des nächsten Wochenspiegels wurde darüber berichtet, dass wieder ein Ochse für Furore auf dem Weihnachtsmarkt gesorgt hatte. Die Schlagzeile lautete: „Saarlouis im Ochswunder: Ochse als Feuerwerk versprühender Tannenbaum wieder aufgetaucht. Menschenansammlung auf dem Kleinen Markt wurde zum Weihnachtschor."

DER VOGELCHOR ODER DAS WUNDER VON BETHLEHEM

Im Himmel herrschte Aufruhr. Just zur Weihnachtszeit hatte den Engelchor die Wintergrippe befallen. Die sonst glockenreinen Soprane krächzten wie die Raben, die Tenöre röhrten wie die Hirsche, die Altistinnen gurrten wie die Tauben und die Bässe heulten wie die Wölfe. Nein, so konnte das nichts werden. Erzengel Gabriel war fassungslos. Wie konnte er den Menschen die frohe Botschaft überbringen, wenn am Himmel nur Gejaule und Gejammer herrschte.

Gottvater indes lehnte sich auf seinem Thron erwartungsvoll zurück. Er war gespannt darauf, ob sein Botschafter Gabriel eine Lösung finden würde.

Erzengel Gabriel berief den Erzengelrat ein. Michael, Raphael und Uriel waren ebenfalls ratlos. Auch wenn Raphael den Menschen seine heilende Kraft spenden konnte, so war er für die Heilung der Engelstimmen nicht zuständig.

Wie um alles in der Welt sollten die Hirten an Heiligabend über die Geburt des kleinen Jesuskindchens informiert werden, wenn die Engel nicht singen konnten. Einen menschlichen Chor konnten sie nicht zusammenstellen. Menschen konnten nicht fliegen.

„Wie wäre es, wenn wir die Vögel bitten würden, für uns einzuspringen", fragte Michael in die Runde.

Uriel meinte: „Ich könnte die Sonne in die umgebenden Felder von Bethlehem schicken, damit die Zugvögel warm genug haben und dorthin fliegen können. Nachtigallen, Rotkehlchen, Singdrosseln, Kraniche und Kuckucksvögel könnten dort solange überwintern, bis der Heiligabend vorüber ist."

„Ich könnte darüber wachen, dass keiner die Vögel abschießt", bot Michael an.

„Gut", nickte Gabriel, „dann machen wir uns auf die Reise, um die Sängerschar um Hilfe zu bitten."

So begaben sich die Erzengel nach Afrika, um einen Vogelchor zusammenzustellen und die Bedingungen für den Überflug ins Westjordanland zu ermöglichen. Gabriel hörte sich jeden Vogel einzeln an, denn für das Jesuskindchen mussten die Stimmen engelrein klingen.

In Afrika fiel derweil auf, dass die angereisten Singvögel auffällig oft in Schwärmen umherzogen und der Gesang mitunter so laut war, dass manch einer unter der Vogelwolke erschrocken zusammenzuckte. Noch merkwürdiger war, dass in der letzten Dezemberwoche fast alle Singvögel verstummten. Wo waren sie nur hingeflogen?

Im Westjordanland, zu dem Bethlehem heute gehört, wunderte man sich derweil über die milde Witterung. Auch wenn die Winter hier verhältnismäßig mild ausfielen, waren mehr als zwanzig Grad dort ungewöhnlich. Die Zeitungen berichteten schon von einem Klimawandel, der nun auch im Nahen Osten deutlich zu spüren wäre.

Die Schafe, die sonst eher um die Häuser weideten als auf dem freien Feld - schließlich war Bethlehem im Dezember ein Ausflugziel christlicher Touristen geworden und die israelischen Grenzkontrollen an den Absperrungen waren besonders aufmerksam und unerbittlich - stießen am vierundzwanzigsten Dezember von allein die Gatter auf und liefen ohne Genehmigung auf die Weidegründe nahe Bethlehems. Die Ausrufe, mit denen die Soldatinnen und Soldaten versuchten, die Tiere wieder zu vertreiben, blieben erfolglos.

Den trotzenden Schafen folgten die aufgeregten Hirten, denen man den Grenzübertritt genehmigte, um die verirrten Herden wieder zurück zu holen.

„Jalla, jalla", riefen die Hirten, aber die Schafe blieben stehen und bewegten sich keinen Zentimeter.

Als es dämmerte und der Mond aufging, flackerte der Sternenhimmel intensiv und eine Sternschnuppe zog einen langen Schweif hinter sich her. In diesem Moment schwärmte eine große Ansammlung von Vögeln über die Felder. Erzengel Gabriel schwebte hoch oben am Nachthimmel und über dem Feld leuchtete es, als würde die ganze Sonne auf die Erde fallen.

Die Hirten waren sprachlos, dachten zuerst an einen Weltuntergang und beruhigten sich erst, als der Erzengel Gabriel sagte: „Fürchtet euch nicht, denn siehe, ich verkünde euch eine große Freude, die dem ganzen Volk zuteilwerden soll: Heute ist euch in der Stadt Davids der Retter geboren; es ist Christus, der Herr. Und das soll euch als Zeichen dienen: Ihr werdet ein Kind finden, das, in Windeln gewickelt, in einer Krippe liegt."

Und sogleich fing der Vogelengelchor zu zwitschern an. Die Schafe blickten zu ihm hinauf und stimmten in den Vogelchor ein. Sie unterstützten die Bässe, denn die Kraniche waren auf dem Weg nach Israel aufgehalten worden.

Von Bethlehem aus sah man das Strahlen und hörte das glockenklare Konzert der Vogelstimmen und die Bässe der Schafe. Die Grenzsoldaten sahen nach oben und bemerkten nicht, dass die Schafe mitsamt den Hirten und Hunden inzwischen an ihnen vorbeizogen hinein in die Stadt Bethlehem zur Geburtskirche von Jesus Christus. Die angereisten Touristen kamen aus dem Staunen nicht heraus und fingen zu beten an. Selbst die Rabbiner und Imame hielten inne und wunderten sich über die Schafe in der Innenstadt.

Am nächsten Tag berichteten die Medien vom Vogelwunder von Bethlehem. In der Nacht hätten tausende von Vögeln über den Feldern vor Bethlehem um ein Lichtfenster gekreist und gesungen. Dazu hätten die Schafe geblökt, welche gegen jede Regel und Vorsichtsmaßnahmen der Grenzpolizei die Sperrbezirke verlassen und auf die Felder gelaufen seien. Man nahm an, dass das unerklärliche Weideverhalten auf die viel zu warmen Temperaturen zurückzuführen sei.

Für den Einlauf in die Innenstadt fanden sie jedoch keine Erklärung.

In Anbetracht dieser Vorkommnisse hätten Juden, Muslime und Christen friedlich miteinander das Vogelwunder und die verirrten Schafe bestaunt. Der Heiligabend sei seit vielen Jahren ohne Spannungen und feindliche Auseinandersetzungen verlaufen. Juden seien danach in die Synagogen, Muslime in die Moscheen und Christen in die Kirchen gegangen und hätten gebetet. Die Geburtsstätte von Jesus Christus sei so überlaufen gewesen, dass die Touristen nur gruppenweise hineingelassen werden konnten und bis in die Morgenstunden eine Menschenschlange gebildet hätten.

Die Erzengel, die nach der Heilsverkündung in den Himmel zurückgekehrt waren, berichteten Gottvater von der geglückten Überbringung der frohen Botschaft. Die Menschen hätten trotz der Erkrankung des Engelchores wie seit zweitausend Jahren Weihnachten feiern können. Gottvater freute sich darüber, dass die Engel mit ihrem Einfallsreichtum das Weihnachtsfest gerettet hatten. Wie durch ein Wunder erholte sich der Engelchor noch in der Nacht von der Wintergrippe und sang mit den schönsten Stimmen: Hosanna, Ehre sei Gott in der Höhe und Frieden den Menschen auf Erden.

DREI WEIHNACHTSMÄNNER

Fast ihr ganzes Leben brachte sie in Saarlouis im Stadt-
teil Fraulautern zu, in diesem Ort, in dem sie geboren
wurde und aufwuchs, der ihr Heimat und Zuflucht
war. Jede Straße war ihr vertraut, überall wuchsen ihr Ge-
schichten entgegen, hallten aus den Gassen wie Choräle und
übertönten zuweilen auch die Gegenwart.

Der einsetzende Bombenhagel des Krieges zwang sie, mit
ihrer Tochter zu fliehen. Nach der Evakuierung kehrte sie wie-
der zurück. Gemeinsam mit ihrem Mann, der zu Fuß aus Russ-
land heimkam, baute sie ihr zerstörtes Haus noch einmal auf.

Während sie so über Vergangenes und Gegenwärtiges
nachdachte, färbte der schneidige Wind ihre Wangen rot.
Vereinzelte Schneeflocken hüpften auf die Erde und mach-
ten sich daran, eine Schneedecke zu bilden. Einige ließen
sich auch auf ihrem lodengrünen Kopftuch nieder. Sie war
zweiundsiebzig Jahre alt. Als sie jung war, erschien ihr dieses
Alter ein unermesslicher Zeitraum zu sein, den sie nicht be-
greifen konnte. Heute war es der natürliche Ablauf ihres Le-
bens, nichts Besonderes oder Ungewöhnliches, nur viel zu
kurz. Sie fühlte sich nicht alt. Wäre sie berufstätig gewesen,
befände sie sich schon lange im Ruhestand. - Im Ruhestand?
Was bedeutete das schon? War man abgeschoben oder auf-
gehoben? War es das Ende oder der Beginn einer neuen Le-
bensphase? Sie hatte immer noch keine Antwort darauf ge-
funden, nur die Einsamkeit vergrößerte sich mit jedem Jahr.

Seitdem ihre Tochter mit Mann und Kind nach Belgien
umziehen musste, kam sie sich manchmal sehr allein vor. Die
anfänglich wöchentlichen Telefonanrufe wurden immer sel-
tener, Geburtstage wurden wegen der Entfernung mit Feier-
tagen zusammengelegt, schließlich kostete die Fahrt nicht
gerade wenig und bei ihrer Rente nicht öfter als zweimal im
Jahr zu bezahlen.

Dieses Jahr war Susanne mit ihrer Familie über Weihnachten in die Schweiz geflogen. Da sie vor dem Fliegen eine unüberwindliche Angst hatte, blieb sie zu Hause. Morgen war Weihnachten. Bei diesem Gedanke krampfte etwas in ihrer Brust. Sie musste anhalten. Menschen hasteten unachtsam an ihr vorbei, einige rempelten sie an, ohne sich umzudrehen oder sich zu entschuldigen. So kurz vor Ladenschluss hatte keiner mehr Zeit. Nach ein paar Atemzügen setzte sie ihren Weg wieder fort.

Warum sie auch heute in die Stadt ging, ausgerechnet am letzten Einkaufstag vor Heilig Abend. Sie staunte über ihre Gedankenlosigkeit, doch dann dachte sie, dass hier wenigstens Menschen waren, auch wenn einige unfreundlich oder grimmig an ihr vorbeischauten oder sie gar nicht wahrnahmen. Sich unter Personen zu befinden, ihre Hast und Eile zu spüren, ihr Lärmen und die Geräusche des Stadtverkehrs, all das erschien ihr in diesem Moment wichtiger zu sein als ihre eigene, nicht mehr ganz so vitale Konstitution.

Kam da nicht Frau Meiers auf sie zu? Sie winkte von der anderen Straßenseite zu ihr herüber. „Guten Tag Frau Meiers", rief sie ihr zu und wechselte die Straßenseite. „Sie sind heute in der Stadt?" fragte ihre Bekannte erstaunt.

„Fahren sie denn nicht nach Antwerpen?"

„Dieses Jahr nicht, Frau Meiers. Susanne ist in die Schweiz geflogen zum Skifahren."

„Wollten Sie denn nicht mitfahren?"

„Ach, wissen sie, die jungen Leute heutzutage müssen so viel arbeiten, da wollen sie auch mal unter sich sein. Außerdem fliege ich nicht, ich hab zu viel Angst davor. Unter den Himmel da trau ich mich nicht. Die Menschen sollten ihre Beine benutzen, dazu sind sie ihnen schließlich gewachsen."

„Sie hätten doch mit dem Zug nachreisen können."

„Ja schon, aber alleine reisen in meinem Alter ist auch nicht so einfach."

„Haben sie wenigstens ein paar Bekannte eingeladen?"
„Nun, Ida ist auch weggefahren. Und an so einem Tag kann ich doch meinen Freundinnen nicht zumuten, zu mir zu kommen."
„Aber jetzt sind sie ganz allein. Da fällt mir ein, dass die Caritas eine Weihnachtsfeier für alleinstehende ältere Menschen organisiert hat. Gehen sie doch dorthin."
Frau Kramer gefiel dieser Gedanke nicht. Was sollte sie unter all diesen alten Leuten? Sie unterhielt sich viel lieber mit jüngeren Menschen. „Ach was, ich bleib lieber zu Hause. Unsereins hat schon ganz andere Dinge überstanden."
„Ja wenn sie meinen. Ich muss nun auch wieder los. Schöne Feiertage Frau Kramer."
„Ja, ihnen auch, schöne Feiertage Frau Meiers."
Frau Kramer sah ihr nachdenklich hinterher. Wie gut sie es doch hatte, lebte bei ihrer Tochter im Haus, half im Haushalt und sah die Enkelkinder aufwachsen. Sie stellte sich vor, wie das wäre, wenn Susannes Mann hier Arbeit gefunden hätte. Dann wären sie sicher hier geblieben. Sie konnte Susanne keinen Vorwurf machen. Ganz im Gegenteil, sie musste Gott dafür danken, dass sie so einen liebevollen Mann gefunden hatte, der sich um sie kümmerte.

Sie nahm ihren Mut wieder zusammen und kam an den Eingang des größeren Kaufhauses Pieper. Ein weißbärtiger alter Mann saß in der Ecke und hielt den Hut auf. Sie suchte in ihrer Tasche nach der Geldbörse, nahm einen Zehnmarkschein und legte ihn in den zerknautschten Hut. Der Bettelnde dankte ihr.

Sie ging hinein. Die Heizungsluft war viel zu warm, aus den Lautsprechern tönten laut Weihnachtslieder. Es herrschte reges Gedränge, am Weihnachtsstand suchten viele noch nach Dekorationsartikeln.

„Wir haben aber einen echten Tannenbaum", hörte sie einen Jungen zu seinem Freund sagen. „Papa fährt mit mir jedes Jahr zum Förster, damit wir uns einen Baum aussuchen können."

Der arme Wald, dachte Frau Kramer. Jedes Jahr wurden unzählige Bäume geschlagen, und das nur für ein paar Wochen. Genügten nicht auch ein paar Zweige. Und dieser Baumschmuck! Perlenketten, Keramikengel, buntes Lametta, künstliche Kerzen! Noch niemals hatte sie künstliche Kerzen benutzt. Der Geruch von Bienenwachs gehörte für sie zum Fest wie der Glühweinduft, dieses Aroma von Zimt und Nelken. Sie ging um den Stand herum und fand sie schließlich. Als sie eine Packung nahm, erinnerte sie sich an das Weihnachtsfest in der Evakuierung. Sie war mit Susanne bei einem Bauern untergekommen. Brot hatten sie und ein Dach über dem Kopf. Damals war das viel, auch wenn sie dafür hart arbeiten musste. Geschenkt bekam sie wirklich nichts im Leben.

Aber an Weihnachten schenkte ihr der Bauer eine Kerze aus Bienenwachs. Die steckte sie zwischen ein Tannengebinde, das sie notdürftig hergerichtet hatte. Das Licht flackerte und sie sang mit Susanne ,*Oh du fröhliche, oh du selige*'. Trotz all der Entbehrungen keimte in diesem Moment ein Gefühl der Geborgenheit auf und befreite sie für wenige Minuten von der Bitterkeit dieses grausamen Kriegsspektakels, das Millionen Menschen den Tod brachte und nichts als Zerstörung, Trauer und Schuld hinterließ.

„Drei Euro vierzig", sagte die Kassiererin. Frau Kramer schreckte aus ihren Gedanken auf und zahlte. Plötzlich fühlte sie sich müde und abgespannt. Der Kaufhausrummel störte sie. Als sie die Kerzen verstaut hatte, machte sie sich auf den Heimweg.

Am nächsten Morgen schmerzten ihre Beine. Es war wohl doch zuviel gewesen. Nur das Notwendigste konnte sie erledigen. Zu sehr plagte sie dieses Ziehen in den Knochen und die Müdigkeit. Ach, wäre sie doch bloß zu Hause geblieben! Am frühen Nachmittag legte sie sich aufs Sofa, wickelte ihre karierte Wolldecke um sich und schlief ein.

Sie wusste nicht, wie lange sie geschlafen hatte, als sie durch das Läuten der Türklingel geweckt wurde. Es war schon dunkel geworden. Sie zündete eine Kerze an und mühte sich an die Tür.

Draußen standen drei vermummte Mädchen mit bepackten Händen und sangen zitternd vor Kälte: „Vom Himmel hoch, oh Englein kommt, eja, eja, susani, susani, susani." Frau Kramer war so verblüfft, dass ihr die Worte fehlten. „Fröhliche Weihnachten wünscht ihnen der Jugendclub. Alles Liebe und Gute und vor allem Gesundheit fürs kommende Jahr."

Frau Kramer war gerührt. Tränen rannen über die nun auch vom Kissen faltige Haut. Einen Augenblick rang sie nach Luft, dann sagte sie: „Fröhliche Weihnachten, fröhliche Weihnachten zusammen. Kommt doch herein, ich bin ganz alleine hier."

Sie drückte den Mädchen die Hände und diese freuten sich, dass ihre Idee, Weihnachten in die Tat umzusetzen, so erfolgreich war. Sie überreichten Frau Kramer ein Geschenk, Frau Kramer wärmte den Glühwein auf, packte Weihnachtsplätzchen aus, legte eine Schallplatte mit Weihnachtsliedern auf und plauderte die halbe Nacht mit ihren Weihnachtsmännern, die ihr wohl der Himmel geschickt haben musste.

DIE STERNSINGER

Wie jeder Dezember barg auch dieser ein ganz besonderes Geheimnis. Schon die Auswahl der Kinder für das Krippenspiel sorgte für Aufregung. Das Trostpflaster für die nicht Auserkorenen war das Sternsingen. Eine wichtige Aufgabe, denn das eingesammelte Geld, floss an eine Missionsstation in Afrika. Die Marienschwestern, welche diese unterhielten, unterstützten damals maßgeblich das christliche Leben in unserer Kirchengemeinde. Dazu gehörten der Religionsunterricht in den Schulen, der Betrieb des Kindergartens, Exerzitien, Bibelstunden, die Ordnung und Sauberkeit des Kirchengebäudes und die Unterstützung bei der Durchführung der Gottesdienste.

Die Missionsarbeit war eine der Hauptaufgaben des Ordens. Die katholische Kirche betrachtete seinerzeit Menschen, die nicht getauft waren, als Heiden. Dazu gehörten alle Menschen, die in Afrika lebten. Heidenkinder sind arm, hieß es, nicht nur, weil ihre Seele Gott nicht kannte. Sie verhungerten ohne unsere Mithilfe, zumindest wurde uns dies so im Unterricht beigebracht. Uns erschienen daher Menschen mit einer anderen Hautfarbe irgendwie unheimlich und bedauernswert zugleich.

Kinder kamen uns exotisch vor, Erwachsene hingegen erlebten wir fast wie eine Bedrohung, sie jagten uns Angst ein. In den Kinderliedern und Geschichten war der schwarze Mann fast immer bösartig. Der Mohr hingegen stellte die gute Seite dar.

Obwohl ich als Mädchen keine Messdienerin sein durfte, die Geschlechter waren damals auch im Gottes-dienst noch streng getrennt, Männer saßen links, Frauen rechts, dazwischen der Mittelgang, waren sie als Sternsinger jedoch willkommen. So fand ich meine Bestimmung als Sternsingerkind, denn zum Krippenspiel hatten mich die Marienschwestern nicht eingeteilt.

Wir waren vier Kinder, obwohl die Bibel eigentlich meist nur von den drei Weisen aus dem Morgenland berichtete. Einer von uns wurde schwarz angemalt, jemand musste schließlich den Mohr verkörpern. Einen Sternträger gab es auch. In der ersten Januarwoche ging es los. Katrin wurde zum Mohr Melchior und schwarz angemalt, Michael wurde zu Caspar, Peter war der Sternträger und ich sollte Balthasar sein. So zogen wir fein säuberlich kostümiert und maskiert durch die Straßen unserer Gemeinde. Einen Straßenplan hatten wir auch dabei, damit wir wussten, wo wir sammeln sollten. Wir klingelten, sangen eifrig unsere Lieder, sammelten Spenden und schrieben mit Kreide den Segensspruch über die Haustür. Wenn in unserer Büchse die Münzen klingelten, freuten wir uns riesig, denn wir wollten ebenfalls einen stattlichen Beitrag zum Betrieb der Missionsstation leisten.

Alles lief problemlos, bis wir zu einem Haus kamen, dessen Nummer nicht auf unserer Straßenliste vermerkt war. Wir, die Weisen aus dem Morgenland, blieben stehen und hielten Rat, was wir tun sollten. Wir dachten, dass es sich wohl um einen Irrtum handeln musste, nahmen unseren ganzen Mut zusammen und klingelten. Niemand öffnete. Wir versuchten es noch einmal. Keine Reaktion. „Aller guten Dinge sind drei", sagte Katrin und drückte noch einmal den Klingelknopf. Tatsächlich, es bewegte sich etwas, Schritte kamen näher. Die Tür ging auf und vor uns stand ein dunkelhäutiges Kind.

Es sah uns mit großen braunen Augen an, zuerst ebenso überrascht, dann ungläubig und dann folgte ein Freudenschrei: „Is jy ook 'n Afrikakind? Kum lasse her, kum lasse her", rief der Junge, der etwa in unserem Alter war. Dabei ergriff er die Hand des schwarzen Sternsingerkindes. Wir verstanden nichts.

Der Junge rief immer nur: „Kum lasse her, kum lasse her." Unsere Mohrin Katrin Melchior ließ sich ziehen und zockelte verunsichert hinterher, wir übrigens auch, wir wollten Katrin in dieser Situation nicht allein lassen und sie beschützen.

Von drinnen rief eine Frau etwas, was wir ebenfalls nicht verstanden. Wir erschraken. Verunsichert folgten wir dem leibhaftigen Heidenkind in das geheimnisvolle Haus. Auf der Couch im Wohnzimmer lag eine dunkelhäutige Frau und fuchtelte mit den Händen. Sie musste wohl die Mutter sein.

„Kum, kum seuntjie", freute sie sich und setzte sich auf. „Oh", rief sie erstaunt mit hoch erhobenen Händen, als sie Katrin sah, „oh Kind, Afrikakind." Wir verstanden kein Wort, außer Afrika und Kind.

Der Junge griff wieder nach Katrins Hand und rief: „Kind, Kind, Afrika!"

Was sollten wir tun? Niemand hatte uns gesagt, dass in unserem Dorf Heiden lebten. Das Haus existierte nicht einmal auf unserer Straßenkarte, wir befanden uns wohl in einem verbotenen Haus.

„Wir müssen jetzt singen", sagte Peter, der Sternträger, wie ein Leitwolf, „das ist unsere Aufgabe." Also stellten wir uns auf und sangen den Sternsingergruß.

„Oh," rief die Mutter immer wieder dazwischen, „oh, god, god, Kind, Afrika.".

„Ja, ja", sagte da Michael, „wir kommen für Gott und sammeln für Afrika."

„Afrika, Afrika", sang die Mutter des Jungen, umarmte und drückte uns voller Herzlichkeit und aufgeregter Freude.

„Kum lasse esse", sagte sie, verschwand in der Küche und brachte Gebäckstücke mit, die wir nicht kannten.

„God, god," rief sie, wickelte es in Papier ein und gab es mir. „Kind esse in Afrika, Kind esse, god, god."

Da ich für die Sammelbüchse verantwortlich war, schüttelte ich diese hin und her, damit die Münzen schepperten.

„God, god. Ons skenk vier Kinders in Afrika", rief sie wieder, „ons lasse esse Afrikakind."

Sie griff nach dem Geldbeutel, nahm ein Markstück heraus und warf es in die Büchse. Wir bedankten uns artig, Michael schrieb den Segensspruch an die Haustür.

„Kum lasse her, kum lasse her?" fragte der Junge erwartungsvoll und schüttelte Katrin wieder die Hand. „Ek is Afrikakind." Er winkte uns lange nach.

Als wir die Spenden der Kirchenschwester übergaben, erzählten wir ihr von der merkwürdigen Begegnung. Sie erklärte uns, dass die Mutter mit dem Kind flüchten musste, weil sie vom Stammesältesten verstoßen worden war. Die Frau hatte sich geweigert, den Sohn desselbigen zum Mann zu nehmen und war von einem anderen Mann schwanger geworden. Gleich zwei Tabus hatte sie gebrochen, als Frau sich zu verweigern und selbst zu entscheiden, mit welchem Mann sie sich verbinden wollte und ein Kind von diesem zu gebären, ohne eine legale Verbindung mit ihm eingegangen zu sein.

Die Missionsstation hatte sie aufgenommen, versteckt und schließlich nach Deutschland gebracht, um sie vor der Verfolgung zu schützen. Diese Frauen wurden von dem Stamm gesteinigt. Daher auch das Verschweigen der Unterkunft. Und da das Asylverfahren noch andauerte, konnte die kleine Familie nicht am Sprachunterricht teilnehmen und verfügte nur über ein paar aufgeschnappte Wortstückchen.

Die Tragweite dieser Begegnung war uns als Kinder damals nicht bewusst. Heute erinnere ich mich daran, dass wir wie ein Begrüßungskomitee für Flüchtlinge gewirkt haben mussten. So wurden wir damals als Sternsinger im wahrsten Sinn des Wortes, ohne es zu ahnen, zum Hoffnungsträger der Menschlichkeit.

DER UMZUG

Das war's! Gerlinde Bottendrop saß auf den Koffern und Kisten. Wo sollte sie hin? Bis zuletzt hoffte sie, dass die Räumungsklage keinen Erfolg haben würde. Doch vergeblich! Das blieb ihr also von einem arbeitsreichen Leben. Das Sozialamt hatte ihr eine neue Wohnung zugewiesen, ganze dreißig Quadratmeter. Ja, ja. Wer weiß, in welche Gesellschaft sie kommen würde. Nahm sie die Hilfe nicht an, wäre sie wohnungslos geworden, obdachlos, eine Nichtsesshafte, wie es im Amtsdeutschen heißt. Als Frau mit sechsundsechzig Jahren.

Sie konnte es immer noch nicht fassen, dass Wilhelm alles verspielt hatte. Nun, da er vor vier Monaten an seiner Leberzirrhose starb, erbte sie die ganzen Schulden. Das Haus konnte sie nicht halten. Hätte sie den Rat ihrer Freundin befolgt und sich rechtzeitig getrennt, wäre ihr dieser Schlamassel erspart geblieben. Aber sie konnte das nicht, ihn einfach im Stich lassen. Schließlich galt der Treueschwur für die guten und die schlechten Zeiten.

Mit Wilhelm hielten sich die guten Zeiten allerdings in Grenzen. Anfangs umsorgte er sie, fast vorbildlich. An alles hatte er gedacht. Berufsunfähigkeitsrente, Risikolebensversicherung, zusätzliche Rentenvorsorge mit Aktien... . Als der Börsenkurs einbrach, waren alle Ersparnisse dahin. Sicher unterrichtete die Bankangestellte sie über das Risiko. Aber kauften nicht all ihre Bekannten diese Aktien? Die offensive Werbung versprach absolute Zuverlässigkeit und hohe Gewinne. Den Börsencrash sah damals niemand voraus. Dies hätten sie noch verschmerzen können, wäre Wilhelm nicht Knall auf Fall arbeitslos geworden. Insolvenz, einfach so. Das stetige Risiko, in der Industrie zu arbeiten. Ebenfalls der Wirtschaftslage geschuldet. Die Lebensplanung geriet völlig aus den Fugen und Wilhelm kam unter die Räder. Er fing an zu trinken, ging ins Casino in der Hoffnung, das große Los zu ziehen. Wäre er doch nur ein kleiner Beamter gewesen! Dann hätte er einen Versorgungsanspruch bis ans Lebensende gehabt. Die Besoldung reichte ihm aber nicht, nein, er wollte gleich das große Geld verdienen. Immer mehr haben wollen, immer bis an die Grenzen des Machbaren gehen, das war seine private Gewinnmaximierung.

Nun gut, sie hätte ja ebenfalls berufstätig sein können, aber Wilhelm wollte das nicht. Das entsprach nicht seinem Anspruch. Seine Frau sollte Hausfrau sein, sollte sich ganz der Familie widmen, selbst dann noch, als Katja heiratete und wegzog. Sie lebte inzwischen in Amerika. Der Kontakt bröckelte ganz langsam ab.

Zugegeben, sie hätte sich mehr bemühen können. Sie hatte ja nur eine Tochter. Aber dieses zermürbende Warten auf die Rückrufe, die sich häufenden Absagen der Besuche, das Ausbleiben der Geburtstagswünsche, ganz abgesehen von gemeinsamen Weihnachtsfeiern, nein, sie wollte nicht das Gefühl haben müssen, lästig zu sein. Sie lebte nach dem Prinzip, Eltern können etwas für ihre Kinder, aber Kinder nichts für die Eltern. Sie hielt nichts davon, aus einem Pflichtgefühl heraus beachtet zu werden. Das war ihr zu wenig. Sie wollte geliebt werden, so wie sie ihre Familie geliebt und für sie gelebt hatte.

Aber vielleicht war dieser Anspruch an das Leben ebenfalls zu hoch gewesen, auch am Limit. Vielleicht war ihre jetzige Situation das Ergebnis dieser Lebensphilosophie. Oder eine Strafe Gottes? War sie nicht fromm genug gewesen? Sie hatte nicht jeden Sonntag den Gottesdienst gefeiert oder täglich gebetet. Das Schicksal zeigte ihr die rote Karte, unerbittlich. Also, es nützte nichts! So sehr sie auch darüber nachdachte, was der Grund für diesen sozialen Abstieg war, so wenig änderte dies daran, dass gleich ein Umzugswagen kommen würde, ihre Sachen aufladen und sie in einen sozialen Wohnungsbau bringen würde.

Jetzt war sie ein Sozialfall! Schrecklich dieser Gedanke. Die große Witwenrente, die sie erhielt, weil sie keinen eigenen Rentenanspruch erworben hatte, war dennoch viel zu klein. Das Sozialamt billigte die Aufstockung und das Wohngeld für die Sozialwohnung. Verhungern würde sie nicht, aber war das noch ein menschenwürdiges Leben? Es klingelte. Da waren sie schon, die Umzugshelfer. „Wir haben den Auftrag, die Wohnungsräumung zu vollziehen, ich bin übrigens Herr Schmitt, und das ist Herr Stedefreund", sagte der Mann im blauen Arbeitsoverall.

„Kommen Sie herein, ich habe, so weit es ging, schon alles zusammengepackt", sagt sie mit tonloser Stimme. Die Helfer hoben die Kisten auf und trugen sie in den Transporter. Dann durfte sie einsteigen.

„Wo komme ich denn hin?" fragte sie schweren Herzens Herrn Schmitt.

„Das ist ihre neue Adresse, Schillerstraße dreiunddreißig, erster Stock. Sie haben Glück, dass vor acht Tagen die Dame, die dort gewohnt hat, in ein Pflegeheim gebracht wurde, Demenz, wissen Sie. Sonst wären Sie in eine Art Sammelunterkunft gekommen, ein Zimmer mit Küche, gemeinsames Bad auf dem Flur. Ja wirklich, sie haben viel Glück gehabt."

Frau Bottendrop sah überrascht aus. „Ist das wirklich war, ich habe eine abgeschlossene eigene Wohnung?"

„Ja", sagte Herr Schmitt, „das ist schon etwas ungewöhnlich. Als wir gestern diese Adresse erhielten, waren wir auch überrascht." Gerlinde Bottendrop war etwas erleichtert. Wenigstens konnte sie ein unab-hängiges Leben in diesem Haus führen. Niemand würde den Zutritt zum Bad behindern oder sie gar belästigen können. Dafür musste sie Gott danken.

Sie bogen in ein mittelständiges Wohngebiet ein. Schillerstraße, da gab es doch ihres Wissens gar keine Sozialbauten. „Sind Sie sicher, dass ich in der Schillerstraße wohnen werde?" fragte sie jetzt ungläubig.

„Ja, wir haben von der Caritas diese Adresse erhalten. Gewöhnlich bringen wir dort niemand unter, wissen Sie. Aber in Ihrem Fall sieht das, wie schon gesagt, anders aus. Da hat wohl einer nachgeholfen"

„In meinem Fall? Nachgeholfen? Wie ist das zu verstehen?" fragte Gerlinde erstaunt.

„Dieses Rätsel kann ich leider nicht für Sie lösen. Mehr hat man uns auch nicht gesagt. Wir haben uns ebenfalls etwas gewundert. Sie müssen einen Schutzengel haben. Freuen Sie sich doch, dass Sie Weihnachten in einem neuen ordentlichen Zuhause feiern können. Das ist in ihrer Lage nicht selbstverständlich", sagte Herr Stedefreund.

Sie bogen noch einmal rechts ab und dann konnte sie das Straßenschild lesen, Schillerstraße, tatsächlich.

Hatte sie der liebe Gott doch nicht ganz vergessen, fiel ihr ein. Konnte das wirklich wahr sein, fragte sie sich. Aber weshalb sollten ihr diese Leute etwas Falsches erzählen. Dazu gab es keinen Grund.

„So, da sind wir", sagte Herr Schmidt, zog die Handbremse an, stieg aus und öffnete ihr die Tür. Frau Bottendrop kletterte aus dem Transporter.

„Das sind Ihre Schlüssel", sagte Herr Schmitt und gab sie ihr, damit sie aufsperren konnte. Sie ging zur Tür. Jemand öffnete sie von innen. Eine Frau mittleren Alters kam heraus. Sie traute ihren Augen kaum. Das war ja... Katja, ihre Tochter!

„Hallo Mama", rief sie, nahm sie in den Arm und drückte sie ganz fest. „Es tut mir so unendlich leid, dass ich mich nicht mehr gemeldet hab. Als ich hörte, dass Papa gestorben sei und du das Haus verkaufen musstest, bin ich, so schnell es ging, nach Deutschland gereist, um dir eine Wohnung zu mieten. Warum hast du denn nicht sofort angerufen. Ich wäre doch gleich gekommen."

Gerlinde fing an zu weinen, sie schluchzte unaufhörlich und sagte nur: „Entschuldige, entschuldige bitte, dass ich dir nicht mehr vertraut habe. Ich wollte dir nicht lästig werden und in dein Leben einfallen."

„Du und mir lästig? Du bist doch meine Mutter und hast immer gut für mich gesorgt. Auch wenn das nicht immer so einfach war. Ich freue mich, wenn ich dir davon etwas zurückgeben kann. Ich hab doch nur eine Mutter."

Sie gingen in die Wohnung, brachten alle gemeinsam ihre ganzen Habseligkeiten noch oben. Katja hatte in der Küche, die sie voll möbliert von der Vormieterin übernommen hatte, den Kaffeetisch schon vorgedeckt und setzte den Kaffee auf.

„So, nun schau. Ich hab dir die Bilder deiner Enkelkinder mitgebracht. Sie kommen übrigens alle nächste Woche mit Hermann nach, damit wir gemeinsam mit dir Weihnachten feiern können. Und das wollen wir ab jetzt immer so halten. Und zu meinem Geburtstag kommst du nach Amerika."

DIE GUTE TAT

„**M**ariechen", rief meine Mutter, „zieh dich warm an. Wir wollen auf den Friedhof gehen." „Ja, Mama." Ich nahm den Mantel, zog ihn an, schlug den Schal um den Hals, stülpte die Mütze über den Kopf und suchte nach meinem Muff.

„Mama, wo ist denn mein Muff? Ich kann ihn nicht finden?" fragte ich.

„Mariechen, er liegt da, wo du ihn zuletzt ausgezogen hast." Ich durchwühlte den Garderobenständer.

„Er ist aber nicht da, Mama", sagte ich verzweifelnd.

„Ich komme schon", sagte sie und eilte aus dem Wohnzimmer, Karlchen im Schlepptau.

„Ja, nanu, wo kann der Muff hingekommen sein? Hast du ihn auch wieder ordentlich weggeräumt, als du gestern nach Haus gekommen bist."

„Ja, habe ich", meinte ich etwas verunsichert.

„Dann wär er doch hier. Mariechen, du weißt, man muss die Wahrheit sagen. Hast du ihn wirklich wieder hierhin zurückgelegt?"

Hm, dachte ich, wo hätte ich ihn denn sonst hingelegt haben können. „Ja", sagte ich, „ganz bestimmt."

„Mariechen hat den Muff verloren", sang Karlchen und macht sich darüber lustig.

„Gar nicht. Ich hab ihn wieder hier hingelegt, ganz bestimmt", behauptete ich nun, obwohl ich mir plötzlich nicht mehr sicher war.

„Ja wer kann ihn denn genommen haben", fragte Mutter in die Runde.

„Gib es schon zu", rief ich in Richtung Karlchens, „du hast ihn versteckt, um mich zu ärgern."

„Mariechen hat den Muff verloren, trallalala", sang Karlchen wieder.

„Du bist gemein", rief ich jetzt und ging auf Karlchen los.

„Mariechen, was soll denn das jetzt. Wir werden den Muff schon wiederfinden, wenn du ihn weggeräumt hast. Ordnung ist das halbe Leben."

Karlchen kicherte weiter und das machte mich richtig wütend.

„Wenn wir ihn nicht finden, must du eben Handschuhe anziehen", versuchte Mutter, den Geschwisterstreit aufzulösen.

„Dann bist du aber kein feines Mädchen mehr", spottete Karlchen, immer noch laut lachend.

Das machte mich jetzt wirklich zornig. „Sehr wohl bin ich ein feines Mädchen", rief ich aus.

„Feine Mädchen ziehen aber keine Handschuhe an, die tragen alle nur einen Muff", hänselte Karlchen weiter.

„Werdet ihr jetzt wohl aufhören! Karlchen, wo sind deine Handschuhe, die sind auch nicht zu finden", ermahnte uns Mama.

„Na, in der Schublade", muffelte Karlchen, „ich habe Ordnung, obwohl ich kein Mädchen bin."

„So, meinst du. Deine Handschuhe sind aber auch verschwunden. Dann müsst ihr beiden die verwaschenen Handschuhe anziehen", grollte Mama jetzt, „da muss ich also mit zwei ungezogenen Kindern mit alten Sachen zum Friedhof laufen, weil ihr beiden keine Ordnung halten könnt."

Jetzt verstummte Karlchen und machte ein Gesicht, als hätte man ihn beim Schummeln erwischt.

„Auf geht's. Verschieben können wir das nicht. Die Gräber brauchen neue Kerzen, damit Uroma Julchen und Uropa Karl es gemütlich im Grab haben. Morgen ist Nikolaustag."

So machten wir uns also auf den Weg, liefen an der alten Schule vorbei, die Anhöhe hinauf und bogen in den Friedhof ein. Mutter räumte die zerknitterten Blätter beiseite, schnitt das Gesträuch zurück und stellte neue Kerzen in die Laternen.

„Das wird Julchen und Karl bestimmt gefallen", murmelte Mutter vor sich hin. Sie war so sehr mit der Grabpflege beschäftigt, dass sie nicht bemerkte, dass am Ende der Reihe ein kleines Mädchen stand und fror. Sie trug nur einen dünnen Mantel, hatte weder Mütze, Schal, noch Handschuhe dabei. Ich lief zu ihr und sagte: „Du musst aber kalt haben ohne Handschuhe. Warum hast du keine warmen Sachen an?"

„Mama konnte mir keine kaufen. Das Geld brauchen wir für das Weihnachtsessen", sagte das Mädchen ganz leis. „Dann nimm doch meine. Ich hab noch einen Muff. Den finde ich ganz bestimmt wieder", flüsterte ich und gab ihr meine Handschuhe.

Karlchen kam mir nachgeeilt. „Du kannst auch meinen Schal haben", folgte Karlchen meinem Beispiel.

Verschämt nahm das unbekannte Kind die Sachen und lief davon. Damit Mutter nichts merkte, steckte ich meine Hände in die Manteltaschen und Karlchen schlug den Kragen hoch.

Als wir wieder zu Hause waren, suchten wir zwar verstohlen, nun aber gemeinsam nach den fehlenden Kleidungsstücken, konnten sie aber nicht finden. Wenn Mutter auffiel, dass die Ersatzhandschuhe und der Schal nun auch noch fehlten, würde sie sicher böse werden. Wir verloren kein Wort darüber und gingen früh ins Bett. Am nächsten Morgen waren wir wieder ein Herz und eine Seele.

„Ob der Nikolaus uns etwas gebracht hat?" fragte ich Karlchen.

„Lass uns nach unten gehen", sagte Karlchen voll Vorfreude.

„Kinder", rief Mama, „seht mal, der Nikolaus war da."

Ich traute meinen Augen nicht. Der Muff war wieder da. Tatsächlich!

„Mein Muff ist wieder da" rief ich voller Freude.

„Meine Handschuhe auch", lachte Karlchen.

Vater zwinkerte Mutter bedeutungsvoll an. Das taten sie immer, wenn sie etwas vor uns verheimlichen wollten.

„Da hat wohl der heilige Nikolaus eure Sachen versteckt und gefüllt", meinte Mama.

Als wir den Muff und die Handschuhe leerten, war der halbe Tisch voll mit süßen Naschereien. Es wollte gar kein Ende nehmen.

„Da hat es aber jemand wirklich gut mit euch gemeint", sagte Vater, „der heilige Nikolaus hat sicher aufgeschrieben, was ihr Gutes getan habt. Die Rute jedenfalls hat er nicht hier gelassen."

Karlchen und ich sahen uns beschämt und reuevoll an und ich sagte: „Mama, wir müssen dir etwas beichten, die vielen Sachen haben wir nicht verdient. Gestern auf dem Friedhof stand da ein kleines Mädchen im dünnen Mantel ohne Schal und Handschuhe und hat so schrecklich gefroren. Da haben wir ihm unsere Sachen gegeben. Wirst du jetzt mit uns schimpfen?"

Mutter lächelte und nahm uns in die Arme. „Wie kommt ihr denn darauf? Wenn man genug hat und das Überflüssige jemandem gibt, dem es daran mangelt, hat man eine gute Tat getan. Das hat der Nikolaus sicher ins goldene Buch geschrieben. Und wie ihr seht, kommt alles Gute auch wieder zu einem zurück."

WER IST DIE WEIHNACHTSMAUS?

Ich weiß nicht, wie oft ich Gregor darum gebeten hatte, sich nicht über die frisch gebackenen Vanillekipferl herzumachen. Er war wie die Weihnachtsmaus, die nachts aus ihren Gängen kriecht, um sich am Gebäck zu vergnügen. Jedes Mal, wenn ich voller Freude meine Backergebnisse präsentierte, fehlte am nächsten Tag gut ein Drittel. So konnte das nicht weitergehen. Erstens würde Gregor über Gebühr an Gewicht zunehmen und zweitens würde ich nicht rechtzeitig mit dem Backen fertig werden. Diese Naschkatze musste ich irgendwie überlisten.

Schließlich war das Gebäck, das ich in der ersten Adventswoche fertigstellte, für den Weihnachtsbasar des Elisabethenvereins bestimmt. Also beschloss ich, erst am Abend zur Weihnachtsbäckerin zu werden in der Hoffnung, Gregor würde es nicht wagen, nachts aufzustehen, um zu räubern.

„Hallo mein Schatz. Na, was hast du denn heute Feines gebacken?" fragte Gregor, als er zur Tür hereinkam.

„Noch gar nichts. Ich beginne erst damit. Heute backe ich Kokosmakronen", erklärte ich ihm.

„Weshalb so spät. Hattest du noch keine Zeit zum Backen?" rätselte Gregor.

„Ja weißt du, in unserem Haus sind neuerdings so viele Weihnachtsmäuse unterwegs. James Krüss hätte seine wahre Freude daran", erklärte ich etwas vorwurfsvoll.

„Was willst du damit sagen. Ich hab nichts genommen. Nur das eine Stück, das du mir zum Probieren gegeben hast", verteidigte sich Gregor.

„Ja, ja, ich hab nichts genommen. Dann verrate mir mal, weshalb fast ein Drittel aus der Dose verschwunden ist?" wollte ich wissen.

„Aber Schatz, du glaubst doch nicht wirklich, dass ich die alle gefuttert habe?" zog er meine Vermutung in Zweifel.

„Wer soll es denn sonst gewesen sein?" fragte ich nun direkt.

„Was weiß ich? Vielleicht Christian?" suchte er sich herauszureden.

„Du willst doch nicht deinen Sohn für deine Naschereien vorschieben?" regte ich mich auf.

„Wenn ich es nicht war, wer soll es sonst gewesen sein?" suchte er weiter nach einer Erklärung.

„Also wirklich. Dass du so schwindeln musst!" empörte ich mich jetzt doch.

„Mein lieber Schatz, ich versichere dir hoch und heilig, dass ich nichts genommen habe", sprach's und drückte mich ganz zärtlich.

„So, so", brummelte ich ungläubig und begann die Kokosflocken unter den Eischnee zu heben. Es wurde nach zehn Uhr, bis ich alles ausgebacken und in der Dose verstaut hatte. So, morgen noch das Spritzgebäck und ich könnte die Tütchen füllen. Dann würde ich beim Weihnachtsbasar genügend Gebäcktütchen zum Verkauf haben. Wir wollten etwa fünfhundert Euro erlösen, um die Kindertagesstätte beim Ausbau des Spielplatzes zu unterstützen.

Gregor musste noch zur Vorstandssitzung des Fußballvereins und kam erst gegen elf Uhr abends zurück. Ich lag schon im Bett. Plötzlich schepperte es in der Küche und ich schreckte aus dem Schlaf auf. Ich tastete nach Gregor, aber er war nicht da. Aha, dachte ich, erwischt! Ich stand auf und ging in die Küche.

„Hab ich dich endlich erwischt, du Mäusetäter!" schimpfte ich.

Gregor stand verdutzt vor mir. Die Dose lag auf dem Fußboden und war halb leer.

„Willst du immer noch leugnen, dass du das alles aufgegessen hast?" forschte ich nach.

„Also Schätzchen, ich schwöre dir, dass ich das nicht war. Ich bin über die Dose gestolpert. Die lag geöffnet auf dem

Fußboden", versicherte er wie ein Angeklagter in einem Kreuzverhör.

„Gregor, der Weihnachtsdieb. Ab heute nenn ich dich nur noch Weihnachtsdieb. Weißt du, dass mir nur noch zwei Tage bis zum Weihnachtsbasar bleiben. Da kannst du mir doch nicht alles einfach wegfuttern. Ich backe doch nächste Woche extra nur für uns", empörte ich mich.

„Aber mein Schatz, ich hab wirklich nichts davon genommen. Ich bin doch gerade erst von der Vorstandsitzung zurückgekommen", versuchte er mich zu beruhigen.

„Im Ernst, das soll ich dir auch noch glauben, du Weihnachtsdieb? Ich hab dich doch in Flagranti erwischt", sprudelte es aus mir heraus.

„Aber ich sage dir, dass ich gegen die Dose getreten bin, weil sie auf dem Fußboden lag", verteidigte er sich nun ebenso empört.

„Weihnachtsdieb, Weihnachtsdieb, Lügen fallen durch das Sieb", reimte ich verärgert.

„Wenn du mir nicht glaubst, kann ich dir auch nicht helfen", entgegnete er gekränkt.

So endete dieser Abend mit Unstimmigkeiten. Wir lagen in dieser Nacht nicht Arm in Arm beieinander sondern Rücken an Rücken.

Am nächsten Tag backte ich nochmals Kokosmakronen und Vanillekipferl. Das Spritzgebäck hatte ich auf Freitag verschoben. Gregor sah sich einen Krimi an und wir gingen gegen zehn Uhr ins Bett. Kaum war ich eingeschlafen, schepperte es schon wieder.

„Gregor!" rief ich erbost.

„Was hast du denn, kannst du nicht schlafen?" fragte er und griff nach meiner Hand.

„Gregor, wer ist denn in der Küche, wenn du im Bett bist?" fragte ich verunsichert.

„Wer soll denn in der Küche sein? Schlaf doch weiter", murmelte er.

„Aber Gregor", flüsterte ich, „da ist jemand in der Küche, es hat gescheppert."

„Gescheppert?" fragte er.

„Ja, wie gestern Abend. Da ist jemand in der Küche", flüsterte ich.

Gregor stand leise auf und öffnete die Schlafzimmertür. Tatsächlich, da machte sich jemand an der Dose zu schaffen. Ganz vorsichtig öffnete er die Küchentür und schaltete das Licht an. Plötzlich fing er laut zu lachen an. Ich stürzte in die Küche und sah, wie ein Waschbär sich mit meinem Gebäck versorgte.

„Siehst du, da haben wir den Weihnachtsdieb", lachte Gregor, „das kommt davon, wenn man nachts die Fenster auflässt."

„Weihnachtsdieb, Weihnachtsdieb, Waschbären sind zuckerlieb", entfuhr es mir unversehens.

KINDERTRÄUME

Hatten Kinder, die aus Zufall gezeugt wurden, ein Recht auf Leben? Regina quälte sich seit ein paar Tagen mit den Gedanken einer möglichen Schwangerschaft. Eine Zufallsbegegnung hatte sie unvorsichtig werden lassen, ein Verstoß gegen ihre Prinzipien. Aber sie war so berauscht, dass sie nicht anders konnte. Dabei kannte sie nicht einmal seinen Namen. Jetzt blieb die Regel aus. Wie sollte sie dies ihrer Familie erklären, wie ihrem Mann beichten, dass sie in einem Moment der Verzückung untreu geworden war? Die süße Versuchung, an die sie eigentlich gar nicht glauben konnte und die auch keine Entschuldigung für sie war. Körperliches Begehren ohne jeder Absicht auf Beziehung. Würde sie ihrem Mann das jemals verzeihen? Verantwortung, Schuld und Vergebung waren Fragen, die sie marterten, auf die sie keine Antworten fand. Und das ausgerechnet vor Weihnachten. Was hatte sie sich nur dabei gedacht?

„Liebling, kommst du mal bitte", rief Peter.

Sie eilte in die Küche. „Was gibt es denn?" fragte sie schuldvoll.

„Hast du gewusst, dass die Winters Nachwuchs erwarten?" fragte er.

„Nachwuchs? Irene?" Sie schluckte. „Nein, sie hat mir nichts erzählt."

„So sind die Freundinnen, reden über alles Mögliche und Unmögliche, aber die wichtigen Dinge verschweigen sie sich."

„Ach was, das hat sie bestimmt vergessen oder es war noch nicht sicher", versuchte sie zu ergründen.

„Du hast für alles eine Erklärung, das lieb ich so an dir. Stell dir das mal umgekehrt vor. Das gäbe einen Dorfaufstand", meinte der Ehemann.

Recht hatte er ja, Irene würde den Mund nicht mehr zu bekommen. Klatsch war ihre erste und beste Schwester.

Peter stand auf, zog die Jacke an und sagte: „Es wird heute etwas später werden." Ein Kuss auf die Wange und schon war er aus der Tür.

Sie räumte das Geschirr in die Spülmaschine, zog ihren Mantel an und verließ ebenfalls das Haus.

Im Büro angekommen klickte sie sich durch das Internet. Schwangerschaftsabbrüche wurden einem geradezu angeboten oder anders gesagt, es war nicht unmöglich, nach einer Beratung legal und keine Straftat mehr. Wie würde ihr Leben mit einem Kind aussehen, fragte sie sich. Eine Auszeit war sicher nötig, zeitlich begrenzt jedenfalls. Sie konnte der nächsten Beförderung im Wege stehen… Karriere, ja Karriere mussten heute alle machen. Es genügte nicht mehr, seinen Lebensunterhalt selbst zu verdienen. Nein, ein angesehenes Mitglied dieser Gesellschaft musste als Statussymbol irgendeinen Posten vorweisen können. Frauen erst recht, wollten sie als emanzipiert gelten. Kinder waren da nur Steine im Weg. Trotz Kindertagesstätte und Ganztagsschule. Eltern hatten Verpflichtungen, die sie davon abhielten, ganz im Beruf aufzugehen, ihr Leben ganz der Firma zu widmen. Wollte sie das auch oder folgte sie nur dem vermeintlich vorgegebenen gesellschaftlichen Auftrag?

Sie fragte sich auch, wie ihr Mann zu Kindern stand. Eigentlich sprachen sie nie über Familienplanung, Kinder waren einfach kein Thema für sie. Sie klickte weiter und kam auf eine Seite mit Kinderausstattung. Das Himmelbettchen, das Mobile über dem Köpfchen zur Anregung, die Plüschtiere, die süßen Strampler, Jäckchen und Schühchen. Sie klickte sich immer weiter durch das Babyangebot und ihr Herz verspürte eine wahre Freude. Wie schön das alles war und doch so kompliziert!

Abbruch oder Geburt? Ein Kind von einem fremden Mann. Sollte sie es beichten oder verschweigen? Jetzt fiel die Antwort schwer. Wäre es nicht das Wichtigste im Leben überhaupt, neues Leben zu schenken? Egal von wem auch immer? Da war etwas in ihr, das man wohl Mutterinstinkt nannte.

Würde sie es jemals verarbeiten können, einem Kind das Leben gestohlen zu haben? Aber es war bis jetzt noch gar kein Leben. Oder doch? Bis jetzt stand ja auch noch gar nicht fest, ob sie wirklich schwanger war. Die Regel blieb aus, das war der Tatbetend. Das Telefon klingelte.

„Frau Meier, ist die Vorlage für die Sitzung fertig? Sie wissen, ich muss sie heute noch weiterleiten", hörte sie ihre emanzipierte Chefin sagen.

„Ich bin dran, bis um elf Uhr werde ich sicher fertig ein. Ich maile Sie ihnen sofort zu", hörte sie sich sagen.

„Dann ist es ja gut", sagte die Vorgesetzte und legte auf.

Die Zeit vergessen, oh je, jetzt musste sie aber sofort beginnen. Nein, so was, Kinderträume. Im wahrsten Sinn des Wortes? Sie schaffte es gerade noch rechtzeitig.

In der Mittagspause löffelte sie einen Joghurt, trank einen Kaffee. Plötzlich zog es im Magen. Was war das? Hatte sie Hunger oder Muskelkater? Oder aber? Der Schmerz war ihr nur zu bekannt. Sie schnappte die Handtasche und ging zur Toilette. Ja, da war sie, die Monatsblutung, bloß verschoben, nicht schwanger!

Ob sie erleichtert war? Vielleicht war das schlechte Gewissen nur vorgeschoben, vielleicht wünschte sie sich ja so sehnlichst ein Kind, dass sie ihre guten Vorsätze einfach über Bord geworfen hatte? Die Gedanken über ein Kind brachten sie dermaßen aus der Zeit, dass sie nicht mehr davon loskam.

Am Abend bereitete sie Kartoffelauflauf vor. Peter kam hereingerauscht.

„Ah, das duftet aber gut", lobte er die Köchin.

„Ja, wie bei meiner Mutter", sagte sie.

„Mütter sind großartig", sagte Peter, „sie haben früher auf alles verzichtet und sich nur um die Kinder gekümmert. Heute würde das keine Frau mehr tun."

„Vielleicht war das kein Verzicht, sondern ihr Leben. Es hat sie ausgefüllt, Kinder groß zu ziehen und die Familie gut zu versorgen", sprudelte es aus ihr heraus.

„Hört, hört, spricht so eine emanzipierte Frau", lästerte Peter.

„Vielleicht nicht oder gerade doch. Eine Frau, die sich für ein Kind entscheidet, bestimmt selbst über ihre Zukunft. Ist das etwa keine Emanzipation?" fragte sie.

„So gesehen schon. Aber was kommt dann? Alle Pläne werden über den Haufen geworfen. Keine Freizeit mehr, nur noch Familienurlaub, weniger Geld und das alles nur für die ersten Worte Mamama?" lachte Peter.

„Kannst du dir vorstellen, dass so ein kleines Wesen Papapa plappert und dich meint?" fragte Regina.

„Nanu, das klingt ja so, als ob du dir tatsächlich Kinder wünschst. Hat dich Irene angesteckt?"

„Angesteckt? Sie stockte für einen Moment. „Sich ein Kind zu wünschen ist doch keine Krankheit."

„Eine Impfung dagegen gibt es bisher jedenfalls nicht", flappste Peter weiter.

„Und ein Verbot auch nicht", beharrte sie weiter.

„Oho, du meinst das wirklich ernst? Willst du wirklich Kinder?" fragte er nun ernsthaft nach.

„Ich möchte ebenfalls so eine Mutter sein, wie es meine und deine waren", antwortete sie, erleichtert darüber, dass sie den Mut gefunden hatte, etwas auszu-sprechen, das mit vielen Änderungen einhergehen würde und nicht mehr umzukehren war.

„Wenn du das mit deiner Emanzipation unter einen Hut bringen kannst", sagte er.

„Kann ich, will ich und werde ich", sprach sie und hatte ein Lächeln im Gesicht, wie seit langer Zeit nicht mehr.

„Wer kann diesem Lächeln widerstehen. Ich hatte es schon vermisst. Wenn dir das soviel bedeutet, dann lass uns von heute an damit beginnen", sagte Peter erwartungsvoll.

DAS REUMÜTIGE RENTIER ODER DAS WUNDER VON SAARBRÜCKEN

Im Dezember wartet in Saarbrücken seit etlichen Jahren eine Sensation auf kleine und große Kinder. Quer über den Markt in Sankt Johann fliegt während der Adventszeit der Weihnachtsmann mit seinem Schlitten und erzählt die Geschichte vom rotnasigen Rentier Rudolf. Alle hatten daran bisher eine große Freude. Rudolf aber sah dies mit Verdruss, denn es ärgerte ihn, dass er Jahr für Jahr für diese Belustigung herhalten musste. Schließlich hatte er sich seine rote Nase nicht selbst ausgesucht. In diesem Jahr wollte er deshalb dem Treiben ein Ende bereiten.

Schon Mitte November war die Baugesellschaft damit beschäftigt, das Gerüst für die Hochseilakrobatik aufzubauen, um das Seil, das über den Markt gespannt werden sollte, sicher verankern zu können. Rudolf hingegen suchte im Himmel nach Engeln, die ihm helfen sollten, dieses Vorhaben zu unterbinden, damit die Show erst gar nicht stattfinden konnte. In der Nacht, wenn Saarbrücken in tiefem Schlummer lag, reiste Rudolf mit seinen Engelhelfern in die besagte Stadt, um die Vorarbeiten wieder zurückzubauen und den Bolzen, der das ganze zusammenhielt, wieder zu entfernen.

Am ersten Morgen nach der Engelnachtarbeit dachten sich die Bauarbeiter nichts dabei. Vielleicht hatten sie den Bolzen ja noch nicht befestigt gehabt. Doch nach der dritten Nacht wuchs die Vermutung, dass es sich um Sabotage handeln müsste. Merkwürdig war auch, dass der Bolzen immer frisch gereinigt neben der Bodenplatte lag. Eisendiebe konnten es also nicht gewesen sein. In der vierten Nacht sollte die Polizei das Gerüst bewachen, um die dreisten Täter dingfest zu machen. Kommissar Martin betrachtete es als Ehre, dem fliegenden Weihnachtsmann auf die Sprünge zu helfen.

Polizeihauptmeister Abendrot durfte natürlich nicht fehlen. So standen die beiden seit zwanzig Uhr hinter einem Hochhaus auf der Lauer, um das Gerüst zu beobachten. Es wurde kalt und Kommissar Martin sagte: „Ich setze mich für eine halbe Stunde in den Wagen, da ist es etwas wärmer. Wir wechseln uns nach dreißig Minuten ab." Polizeihauptmeister Abendrot nickte und blieb alleine auf seinem Wachposten zurück. Die Nacht war klar und das Sternenfunkeln gut zu beobachten. Die Mondsichel stand hoch über dem Sankt Johanner Markt. Gegen Mitternacht meinten sie zu sehen, dass sich vor den Mond ein kleiner Schatten gelegt hätte. Die beiden waren sich ihrer Sache aber nicht ganz sicher. Von einer Mondfinsternis war ihnen nämlich nichts bekannt, auch nicht von einer teilweisen Mondverdunklung. Dann spürten sie, dass ihnen ein leichter Wind um die Nase fuhr, ein kurzes Huschen nur und alles war wieder ruhig. Sie dachten sich nichts dabei. Gegen vier Uhr morgens beendeten sie die Schicht und meldeten eine ruhige Nacht.

Als die Bauarbeiter gegen acht Uhr kamen, um weiter zu arbeiten, lag am Boden jedoch tatsächlich wieder der fein säuberlich gereinigte Bolzen und die ganze Arbeit des Vortages musste wiederholt werden. Das ging die halbe Woche so weiter, der Mond verdunkelte sich um Mitternacht für einen kurzen Moment und ein leichter Wind wehte. Kommissar Martin war ratlos. Die ganze Observation brachte nichts als schlaflose Nächte. Kein Dieb war zu sehen, nicht einmal ein Auto fuhr abends noch vorbei. Wie nur konnte sich jemand so still um sie herumschleichen, auf das Gerüst klettern und die Vorrichtungen wieder zurückbauen. Es müsste doch Lärm erzeugen, wenn man den Bolzen aus der Verankerung zog, auch wenn das Teil eingeschmiert war. Weiß der Himmel, wie dies zustande kam!

Die Presse hatte bereits davon Wind bekommen und berichtete über das Phänomen von Saarbrücken. Mittlerweile bekamen die Polizeibeamten Gesellschaft von Journalisten. Diese lagen nun ebenfalls auf der Lauer, um die nächtlichen

Heinzelmännchen zu erwischen, bewaffnet mit riesigen Objektiven.

Nikolaus sah mit Sorge auf Saarbrücken herab und befürchtete einen Massenauflauf. Seine beiden Bekannten wurden von Tag zu Tag griesgrämiger, weil sie den Fall nicht lösen konnten. Rudolf störte dies wenig, denn er wollte vor allem nicht wieder belächelt werden. Die Menschen sollten sich gefälligst eine andere Witzfigur aussuchen.

Es kam, wie es kommen musste. Der Weihnachtsmann aus Saarbrücken, einer der vielen Stellvertreter von Nikolaus auf Erden, würde in diesem Jahr die Geschichte mit dem rotnasigen Rentier nicht erzählen können, weil das Gerüst nicht fertig wurde, geschweige denn, das Seil sicher zu spannen gewesen wäre.

Auch wenn es in allen örtlichen Zeitungen stand, dass der Weihnachtsmann wegen Sabotage in diesem Jahr nicht fliegen konnte, kamen zur Eröffnung des Christkindlmarktes trotzdem zahlreiche Familien mit Kindern aus nah und fern.

Die Oberbürgermeisterin begrüßte die Besucher, das Polizeiorchester spielte „Morgen kommt der Weihnachtsmann". Der Regionalverbandsdirektor sprach ein Grußwort und dann wartete die Menge auf das Ereignis. Als die Oberbürgermeisterin erklärte, dass der Weihnachtsmann nicht fliegen würde, ging ein dunkles Raunen über den Sankt Johanner Markt, so traurig, dass Rentier Rudolf selbst traurig wurde.

Voller Reue und Schuldgefühle klopfte Rudolf an die Tür des Weihnachtsmannes, der das Geschehen die ganze Zeit verfolgt hatte und sagte: „Heiliger Nikolaus, ich habe einen großen Fehler gemacht. Ich habe den Kindern und den Familien die Weihnachtsfreude genommen. Wie kann ich das nur wieder gut machen?"

„So, so", sagte der Weihnachtsmann, ich hatte schon befürchtet, dass du aus falsch verstandenem Stolz nicht um Hilfe bitten würdest. Wie du siehst, Rudolf, ist deine rote Nase wichtig für die Kinder. Dass dein Aussehen den anderen auffällt, bedeutet ja nicht, dass sie dich nicht mögen. Sie lächeln zwar über dich, aber sie lachen dich nicht aus. Sie staunen nur darüber und haben sogar ihre Freude daran. Nun will ich sehen, wie wir den Schaden wieder gut machen können". Er rief seine Arbeitsengel zu sich und beauftragte sie damit, in der Nacht das Gerüst fertigzustellen, das Seil zu spannen und sicher zu verankern. Dann rief er Rudolf zu: „So, du kommst jetzt mit mir. Als Strafe musst du heute den Schlitten alleine ziehen und beeil dich, damit wir noch rechtzeitig den Sankt Johanner Markt überfliegen können." Rudolf fiel ein Stein vom Herzen, legte sich das Geschirr an und rannte wie ein Blitz durch die Milchstraße, dass sogar die Sterne Platz machten.

Die Besucher wollten sich gerade auf den Heimweg begeben, als der Mond, aus dem in den letzten Tagen mittlerweile ein Halbmond geworden war, sich plötzlich verdunkelte und nach einer knappen Sekunde wieder erhellte. „Oh", raunte die Menge voller Furcht, denn sie dachten in dem kurzen Moment der Dunkelheit, dass die Welt untergehen würde. Dann fuhr ein Blitz mit einem Lichtstreif durch den Nachthimmel, der wie eine Sternschnuppe aussah und immer näherkam.

Plötzlich tauchte hoch oben ein hell erleuchteter Schlitten auf, in dem der Weihnachtsmann saß und ihnen zuwinkte. Nur ein einziges Rentier zog den Schlitten, dessen Nase hellrot leuchtete. „Seht doch, das ist das rotnasige Rentier. Rudolf gibt es ja wirklich." Ein Freudenschrei hallte hinauf in den Himmel. Alle Kinder begannen zu winken und riefen: „Rudolf, Rudolf".

Der Weihnachtsmann drehte eine Schleife und flog ziemlich dicht über Kommissar Martin und Polizeihauptmeister Abendrot vorbei. Er winkte ihnen zu und nickte.

„Ich könnte schwören, dass dies der selbst ernannte Weihnachtsmann ist, den wir letztes Jahr wieder haben laufen lassen", sagte Polizeihauptmeister Abendrot.

Kommissar Martin meinte: „Du hast recht. Der sieht ihm verdammt ähnlich."

Dann war das Ereignis schon wieder vorbei. Der Weihnachtsmann verschwand mit seinem Schlitten genauso schnell, wie er gekommen war. Noch einmal wurde der Mond für den Bruchteil einer Sekunde dunkel. Die Oberbürgermeisterin nutzte die Gelegenheit und sagte: „Nun, lieber Saarbrückerinnen und Saarbrücker, liebe Gäste aus nah und fern, ich glaube, man hat mich falsch informiert. Der Weihnachtsmann wird wieder fliegen."

Wie durch ein Wunder fanden die Bauarbeiter am nächsten Morgen ein fertig montiertes Gerüst und ein gespanntes Seil vor. Nach einem Sicherheitscheck fuhr der Testfahrer die Strecke ab und erklärte sie für gefahrenlos und betriebsbereit. In der Zeitung berichtete man in der Republik über das Nikolauswunder von Saarbrücken. Die Kinder aber hatten eine doppelte Freude. Denn in diesem Jahr waren alle aufgehängten Stiefel am nächsten Morgen prall mit Geschenken gefüllt.

(Ob sich dies tatsächlich so zugetragen hat, weiß allerdings nur der Heilige Nikolaus.)

DIE ROSE VON JERICHO

Sankt Nikolaus, ein kleines, im Wald gelegenes Dörfchen im Saarland an der französischen Grenze mit etwa 800 Einwohnern, seit 1973 als Ortsteil der Gemeinde Großrosseln zugeordnet, beherbergt eines der wenigen Weihnachtspostämter Deutschlands. Vom 5. bis zum 24. Dezember können Kinder dort Briefe schreiben, sie abgeben, andere Weihnachtspost mit der dort erhältlichen Nikolaus-Sondermarke freimachen oder seine Karten mit einem postgültigen Nikolaus-Sonderstempel versehen lassen. Mehr als 18.000 Briefe aus aller Welt erreichen jedes Jahr Sankt Nikolaus vor Weihnachten. Sie werden alle einzeln von einem Team aus Nikolaushelferinnen und Nikolaushelfern beantwortet. Im letzten Jahr geriet ein syrisches Flüchtlingskind in die Schreib- bzw. Kaffeestube, setzte sich an einen Tisch und begann, einen Brief zu schreiben. Eleonora Faizah schrieb in arabischer Sprache, sie konnte sich noch nicht in der deutschen Sprache verständigen, wenngleich sie mittlerweile einige Worte verstand.

Eleonora trug keinen Schleier, sondern eine weiße Hose, ein blaues Sweatshirt und braune Schuhe. Wären da nicht die samtschwarzen langen Haare und die Funken versprühenden braunen Augen gewesen, hätte niemand vermutet, dass es sich um ein Flüchtlingskind handelte.

Ganze fünfzehn Zeilen schrieb sie auf die untere Hälfte des Blattes. Auf den oberen Teil malte sie zerstörte Häuser, einen Halbmond, einen Kometen mit Schweif, der vom Himmel stürzte und mittendrin einen Nikolaus, der in seinen Händen, die er vor seinem Körper zu einer Schale geformt hatte, ein zusammengerolltes Wurzelgeflecht hielt.

Die eifrigen Nikolaushelferinnen und Nikolaushelfer waren ratlos. Was sollte das wohl bedeuten? Ein ausgetrocknetes zerfasertes Wurzelstückchen in den Händen von Nikolaus, dargeboten wie ein Geschenk vor einer kriegszerstörten

Häuserkulisse? Der Halbmond sollte wohl heißen, dass der Nahe Osten gemeint war. Da es sich um Weihnachtspost handelte, konnte der Brief nicht von einem muslimischen Kind verfasst worden sein oder doch? Vielleicht stellte das Bild ein Gleichnis dar. Die Helferinnen wollten sich kundig machen und wälzten sich durch Heiligenbücher und Legenden. Allein die Legende der Errettung der unschuldig zum Tod Verurteilten konnte sich auf das Bild beziehen.

Ein besetztes Land, das von den kriegerischen Auseinandersetzungen mehr und mehr zerstört und von den Statthaltern ausgeplündert wurde, was die dort lebenden Menschen in Angst und Schrecken versetzte, Feldherren, die fälschlicherweise des Verrats angeklagt wurden und ein Kaiser, der im Traum von Nikolaus die Wahrheit erfuhr.

Wünschte sich das Kind also, Nikolaus sollte die Terrororganisation IS zur Rechenschaft ziehen und ihnen die Augen über das Unrecht öffnen, das sie den Menschen zufügten und sollte er zugleich den Mächtigen der Welt erscheinen und ihnen kundtun, dass sie den Frieden wieder einkehren lassen sollten um Christi Willen?

Ja Frieden, Frieden war das Allerwichtigste, damit die Menschen wieder zur Ruhe finden und die Geflohenen in die Heimat zurückkehren konnten, um das Land wieder aufzubauen. Das Kind wünschte sich Frieden zu Weihnachten und Nikolaus sollte den Frieden in das Land zurückbringen. Aber was um Himmels Willen sollte das Wurzelstück bedeuten, das Nikolaus als Gabe in den Händen hielt?

Wieder machten sich die Helferinnen und Helfer auf, um irgendwo in den Schriften eine Erklärung finden zu können. War dies ein eingegangener Weinstock, der wieder Früchte tragen sollte? In jedem Fall war es eine Pflanze, doch welche war gemeint?

Da sie keine Erklärung fanden, fotografierten sie den Bildausschnitt und stellten ihn ins Internet. Nach kurzer Zeit erhielten sie ganz viele Meldungen. Aber nur eine passte zu dem

Bild, die echte Rose von Jericho, die Auferstehungspflanze, die nichts als ein Glas Wasser braucht, um wieder aufzublühen.

Auf der Flucht vor Herodes von Nazareth nach Ägypten soll Maria dieser Pflanze in der Wüste begegnet sein, sie gesegnet und ihr ewiges Leben gewünscht haben, weshalb die Pflanze auch die „Rose der Heiligen Marie" genannt wurde, in Ägypten die „Betenden Hände" oder der „Handballen" Marias. In Algerien soll man sie unter „Id Fatma Bint el Nabi" kennen, was übersetzt bedeutet, „Hand der Fatma, Tochter des Propheten".

Sollte dieses Bild also besagen, dass Nikolaus die Rose der Heiligen Maria vor sich hertrug, um die verwüsteten Dörfer und Städte im Nahen Osten wieder aufleben zu lassen mit einem einzigen Glas Wasser?

Noch einmal nahmen sie den Brief in die Hand. Eleonora Faizah hatte ihn geschrieben. Die Adresse fehlte. Im Buch der Vornamen entdeckten sie, dass Eleonora ein arabischer Name war und „Gott ist mein Licht" bedeutete. Als sie nochmals auf das Blatt sahen, verwandelten sich die arabischen Schriftzeichen in Buchstaben und auf dem Blatt stand geschrieben:

Oh Rose der Heiligen Mutter,
getränkt mit Schweiß und Blut,
verschenke dieser Blüte Sinn
von Syrien bis Ägypten hin,
vom Libanon bis zur Türkei,
weck alle auf und mach sie frei.

Denn Einer ist, der für euch spricht:
Kommt her, die ihr nach ihm verlangt.
Die Frucht erneuert jedes Land,
das er an alle Menschen gab,
für ein Leben in Liebe, nicht für ein Grab.

Die Mutter der Liebe und Gottesfrucht,
der Erkenntnis und heiligen Hoffnung,

schenkte durch Gottes Liebe das Leben.
Nur mit Liebe kann es ein Wunder geben.

Da sie die Adresse nicht fanden, vervielfältigten sie den Brief und schickten ihn an die Mächtigen der Welt. Man erzählte sich, dass sich der Brief jeweils in die Sprache des Empfängers verwandelte, als die Präsidenten ihn öffneten.

Die Nikolaushelferinnen und Nikolaushelfer beschlossen, das Gedicht der Rose von Jericho über der Eingangstür des Weihnachtspostamts aufzuhängen in der Hoffnung, Gott würde sich der Kinder annehmen und Nikolaus würde den Mächtigen im Traum erscheinen und sie zum Frieden ermutigen.

Wer am Weihnachtspostamt zur Tür hinauf blickt, die Augen schließt und an die verlorenen Kinder der Kriege in der Welt denkt, kann den Brief vielleicht sehen und hilft dem Nikolaus, überall auf der Welt die Friedensbotschaft zu überbringen und den Mutigen Unterstützung zu geben.

MISSVERSTÄNDNIS AM FULSECK

Es noch einmal versuchen, Wiederanfang und unwiderruflich das dritte und letzte Mal, dieses Begehren, die Schneepiste zu erobern, den Skibrettern die Stirn zu zeigen, die Freifahrt ins Tal zu gewinnen. Die Skilehrerin hat Geduld mit mir und meiner Angst. Meine Füße sind bereits erstarrt. Talbein, Bergbein und Innenski, plausible Erklärungen für Fahrtechnik, Kurven und Bremsmanöver. Alles funktioniert, es ist ja so einfach und das Gefühl, dazu zu gehören, wäre wundervoll. – Wäre da nicht der Gedanke an das Mögliche!

Der Sturz ist nicht besonders hart. Hilfestellung beim Aufsteigen. Weiter geht's. Linkskurve, Rechtskurve und nach drei Stunden üben die Probe: Einbremsen ins Markierte. Die auf dem Schnee liegenden roten Stangen warnen mich: Hier musst du mit dem Fersenfuß mächtig aggressiv in die Innenkante steigen und dann nach außen ziehen. Mir kommt der erste Zweifel. Und so zuckle ich dank meiner Vorsicht drei Meter in Fahrt und Pflug und Innenski nach außen schieben. Ich stehe! Alles geht gut.

Dann die Kurvenprobe. Stangen gesteckt und Richtung begrenzt. Darüber fahren bedeutet hinzufallen. Der zweite Zweifel. Der Winkel ist so klein. Derart enge Kurven und ich soll das schon können? - Der zweite Sturz. Über's Gestänge. Meine Handgelenke schmerzen, die Knochen melden sich. Doch es geht wieder. Hilfestellung beim Aufsteigen.

Mir zittern die Knie und meine innere Stimme sagt: Hör doch auf! Hör doch endlich auf! Das kannst du nicht! Tröstende Worte der Skilehrerin: „Üben, immer wieder üben. Das geht schon. Aber du musst tun, was ich dir sage. Aktiv fahren."

Oh ja, ich bin aktiv, sehr aktiv. Mein Zustand ist eine Mischung aus Wagemut, Angst und Trauer. Noch verstehe ich jedes einzelne Wort, jede Anweisung, jede Erklärung für mein

Versagen. Doch es hilft nicht. Nein, eine Psychologin ist sie nicht. Die Angst bleibt, diese irrationale Blockade. Ich versuch's trotz alledem noch einmal. Meine Technik soll gut sein, sagt sie. Sie muss es schließlich wissen! Man schaut mir zu. Auch das noch! Ich ärgere mich über meine Unbeholfenheit, nichts in mir sagt: Zeig's denen oder jetzt erst recht! Dieser Siegeswille ist nicht vorhanden. Meine Erklärungen lauten: Wenn du aufhörst, ist der Stress weg. Aber ich soll ja anders denken: Es geht schon, keine Halbherzigkeiten, du kannst das. Ich bin absolut einsam und zugeschneit da oben. Der drei Meter hohe Aufstieg steigert meine Pulsfrequenz und das Kniezittern. Ich kann nicht, ich kann nicht! Aber ich muss jetzt runterfahren! Vom Talbein auf's Bergbein und Gewicht verlagern, damit ich die Kurve krieg'. Ich höre ihre wohlgemeinten Worte. Ich habe Angst. Meine innere Stimme sagt: Ich kann nicht, ich kann nicht! Und sie sagt: „Rechter Ski in Fahrtrichtung und links umsteigen."

Doch ich sehe vor mir die roten Stangen auf dem Boden liegen und drei Meter weiter die Rückfront der Brandalm. Mir ist klar, wenn ich jetzt nicht mehr bremsen kann, rase ich in die Almwand. Es ist plötzlich alles unverständlich laut, ich verstehe nichts mehr, ein schwarzes Loch. Jetzt ist es zu spät, keine Linkskurve mehr möglich, nur noch bremsen, bremsen.

Der letzte Sturz und mein rechtes Wadenbein schmerzt, meine Zehen krampfen, meine Arme sind verdreht. Wieder die Erklärung, dass nichts passieren kann, eben nur hinzufallen. Das ist nicht weiter schlimm, ungefährlich, es kann doch nichts passieren!

Doch ich weiß, es hat mir jetzt endgültig gereicht. Ich will durch keine schwarzen Löcher mehr fahren, mir nicht mehr beweisen müssen, dass ich das auch lernen kann. Ich muss nicht alles können! Mein Selbstbewusstsein kann doch nicht vom Skifahren abhängen! Ich will nicht mehr, weil ich nicht mehr kann und ich kann nicht mehr, weil ich nicht mehr will. Nur meine Skilehrerin kann das nicht verstehen.

LAWINENWARNUNG

Es war immer dieselbe Lawine, die da oben am Gipfelkreuz des Rosengartenmassiv lauerte und den Skifahrern am liebsten auf den Kopf gesprungen wäre, so sehr ärgerte sie sich über die Ruhestörung in den Wintermonaten. Bereits ab Oktober rührte die Werbeindustrie so viele Trommeln, dass der Lärm bis hinauf in alle Gipfel drang und König Laurin, Gott hab ihn selig, sich wahrscheinlich die Tarnkappe über die Ohren gezogen hätte in der Hoffnung, sie würde nicht nur unsichtbar machen, sondern auch den Lärm abhalten.

In diesem Winter, dachte die Lawine, werde ich die Sonne anflehen, uns ein paar überzählige Strahlen vom Südpol zu schicken, damit der Schnee auf den Hängen und Abfahrten nicht lange liegen bleibt und die Gipfelspitzen in aller Ruhe ihre Schneeplatten und Eiszapfen pflegen können. Womöglich hätte dann der verschwundene Rosengarten König Laurins noch einmal aufgeblüht und alle mit ihrem lieblichen Aroma verwöhnt.

Rosenblüte im Eismeer, träumte die Lawine und tropfte voll Rührung vor sich hin. Die Vorstellung übermannte sie so sehr, dass sie das Weinen nicht mehr unterdrücken konnte und sie sich in Auflösung befand. Das kleine Bächlein hüpfte von Fels zu Fels, um sich in einen größeren Wildbach zu verwandeln, der sprudelte und sich durch alle Windungen des Gesteins hindurch schlängelte und schließlich irgendwo im Tal anlangte.

Jedenfalls wässerte er die Wiese, die ihn auffing und sich über die Feuchtigkeit freute, denn tatsächlich war bis in den Dezember hinein noch kein Schnee gefallen. Vom Blumenschmuck war nur noch die Winterrose übrig, die Nieswurz, die für so viele Dinge bei den Menschen herhalten musste. An diesem Tag jedoch labte sie sich an den Tränen der Lawine und entfaltete vergnügt ihre lieblich samtig-weißen

Blütenblätter, stellte ihre Blütenstempel-chen auf und blickte voll Dankbarkeit zur Felskrone der Rosengartengebirgskette auf.

Die Lawine aber, die von oben das gelbe Blinken vernahm, dachte, dass die Sonne den Stoßseufzer gehört haben musste und schwor bei Laurin, die Skifahrer aus Dankbarkeit von ihren Brüdern und Schwestern verschonen zu lassen.

Die Christrose aber dankte der Schöpfung für die feuchte Gabe und faltete die grünen Blätter zum Gebet für das Jesuskind, das sie in diesem Jahr pünktlich zum Geburtstag mit ihrem Blumenschmuck würde erfreuen können.

KATZENWEIHNACHT

Kater Stanislaus war verschwunden. Gestern in aller Früh lustwandelte er noch in unserem verschneiten Garten, wälzte sich im Schnee und vollführte Sprünge, als wollte er dem verblassenden Sternenhimmel Gesellschaft leisten.

Schon einmal verschwand er für mehrere Tage. Spurlos! Aber damals war es Sommer. Nun machte ich mir Sorgen. Die Witterung war nicht gerade menschenfreundlich. Auch ein Hauskater konnte da unter die Räder kommen oder in Erfrierungsnot geraten. Vor allem, weil er nicht mehr jung war. Mein Hauskater zählte schon fünfzehn Lenze. Seine geliebte Gefährtin Minka mussten wir letztes Jahr begraben. Was war das für eine schlimme Trauerfeier! Das Grab hatte ich im Garten ausgehoben, den Namen und die Lebensjahre in einen Steinblock geritzt. Stanislaus beobachtete mich ständig mit weit aufgerissenen Pupillen. Er sah so unendlich traurig aus. „Ja", sagte ich, „lieber Stanislaus, deine Minka ist jetzt im Katzenhimmel. Lass uns ein Gebet für sie sprechen."
Ich nahm seine Pfoten und wir beteten: „Lieber Gott, nimm bitte unsere Minka in den Katzenhimmel auf und schenke ihrer Seele allen Frieden der Welt."

Als ich die Erde in das Loch schubste, jammerte er leise vor sich hin, strich um meine Füße, als wollte er sagen, dass ich damit aufhören soll. Er konnte nicht glauben, dass Minka nicht mehr lebte. Wochenlang wollte Stanislaus nicht mehr aus dem Haus. Er kauerte nur noch auf seinem Sessel, legte den Schwanz eng an und rollte sich ein. Wie sehr hoffte ich, dass er endlich wieder auf die Jagd ging und eine Maus anschleppte.

Vor drei Wochen hielt der Winter bei uns Einzug, es schneite unermüdlich. Täglich räumte ich die Hauseinfahrt und den Gehsteig. Stanislaus saß frierend im Hauseingang und sah zu. Manchmal traute er sich in den Garten oder wilderte in der Umgebung. Spät abends schlüpfte er durch die Türklappe und meldete sich zurück. Bis vor acht Tagen war das so. Dann ging er wieder jeden Mittag auf Tour und sah recht froh und munter aus. Doch gestern Nacht kam Stanislaus nicht zurück. Der Fressnapf war morgens unberührt. Dabei hatte ich ihm ein Festmenue bereitgestellt. Schließlich stand Weihnachten vor der Tür.

Als ich besorgt um das Haus stöberte, um Spuren zu entdecken, knarrte es im Geräteschuppen. Die Tür ließ sich seit dem letzten Sturm nicht mehr ganz schließen. Ich traute meinen Ohren nicht. War das nicht ein Miauen? Aha, dachte ich, der alte Müßiggänger versteckte sich wohl hier? Aber bei näherem Hinhören war mir das Miauen unbekannt. Das war nicht Stanislaus. Was verbarg sich also im Schuppen? Ganz vorsichtig schob ich die angelehnte Tür beiseite. Die Morgensonne fiel hinein und da sah ich im Lichtkegel eine Katzenmutter liegen, die ihre Jungen säugte. Stanislaus saß beschützend davor. Als der Türspalt größer wurde, stellte er sein Fell auf und fauchte. Erst als ich näherkam, beruhigte er sich wieder und kam auf mich zu.

„Stanislaus, was hast du uns denn da gebracht?" flüsterte ich ganz aufgeregt. „Das ist ja ein wunderschönes Weihnachtsgeschenk." Stanislaus schnurrte unter meinem Streicheln und die Katzenmutter hob den Kopf. Die Katzenkinder ließen sich nicht beirren und stillten weiter ihren Hunger. So verbrachte ich Heiligabend mit Stanislaus und der Katzenmutter im Geräteschuppen, sorgte für die kleine Katzenfamilie und freute mich, dass Stanislaus seinen Lebensmut endlich wiedergefunden hatte.

VON WEIHNACHTSPUPPEN UND ANDEREN GABEN

Ach was war das doch für eine heilige Nacht, wenn am Nachmittag Opa und Oma anreisten, um mit uns Kindern stundenlang Karten zu spielen, wenn wir uns miteinander vergnügten voller Vorfreude auf die anstehende Bescherung. Alle lachten, es gab keinen Streit und auch – gottlob – keine Diskussionen um Politik, die Nachbarn oder zurückliegende Ereignisse, von denen wir Kinder nichts wussten und sie zu erahnen uns völlig unmöglich war.

Die ausgelassene Fröhlichkeit kam von Herzen, nicht etwa, weil sich dies so gehörte, wie meine Mutter immer zu sagen pflegte. Heiligabend war etwas ganz Besonderes, friedvoller und harmonischer kam die Familie selten zusammen. Vielleicht war das auch der Grund, weshalb in der Bibel von der Heiligen Familie die Rede war?

In diesem Jahr allerdings sollte es etwas anders kommen. Greta, unser Nesthäkchen, hatte sich eine Barbiepuppe mit Ballkleid gewünscht. Es war die sogenannte „Twiggy-Zeit", je dünner, je lieber.

Wir standen also im Halbkreis um den Tannenbaum herum, Mama, Papa, Oma Rose, Oma Mariechen, Opa Anton, Greta, Karlchen und ich, Mariechen, benannt nach meiner Großmutter mütterlicherseits, - so hatte es mir jedenfalls meine Mama erzählt.

„Alle Jahre wieder" hallte es im Wohnzimmer so inniglich, dass die Glocken zum Sopran meiner Mutter anfingen zu vibrieren. „Ihr Kinderlein kommet" stimmte Oma Mariechen mit kräftiger, durch-dringender Stimme an, - die hatte sie sich als Vorbeterin des Rosenkranzgebetes und durch das viele Vorsingen bei den Bitt-Prozessionen erworben - zum Schluss erklang als familiärer Festgesang das obligatorische „Stille Nacht". Die

„himmlische Ruh" klang in den Glocken noch nach, als es ans Beschenken ging.

Alle erhielten, was sie sich vorher gewünscht hatten. Denn Mutter ermahnte uns bereits am ersten Advent, dem Weihnachtspostamt eine Karte zu schicken, damit das Christkindlein auch wusste, wem es was zu schenken hatte und die Zeit ausreichte, dies alles zu besorgen. Zur Sicherheit sammelte Mama deshalb die Postkarten ein und brachte sie eigenhändig, wie sie uns versicherte, zur Poststelle nach Sankt Nikolaus. Sie hielt es für eine besondere Ehre, dem Christkind zur Seite stehen zu dürfen.

Mama bekam eine elegante Schmuckdose mit fein duftendem Puder und Quaste. Papa bekam eine Krawatte aus Seide, Oma Rose ein Bettjäckchen, Oma Mariechen eine Porzellanvase, Opa Anton eine Schachtel feinster Zigarren aus Kuba, Karlchen ein rotes Feuerwehrauto, ich Hausschuhe mit Pelzrand und Greta eine Puppe. Die Puppe war jedoch keine Barbiepuppe, so ein langbeiniges, schlankes, langhaariges Twiggy-Püppchen mit hohen Schuhen und buntem Ballonkleid, nein, - und Greta wechselte die Farbe- , nein, es war ein pausbackiges, braun gelocktes Ungetüm mit riesigen Kulleraugen, die sich hin und her bewegten, wenn es gedreht wurde.

„Gefällt dir die Puppe nicht?" fragte Mutter besorgt, da sie diesen Gesichtsausdruck nur allzu gut kannte.

„Doch, sie ist wirklich schön", schluchzte Greta, aber jeder im Raum wusste, dass dies nicht stimmen konnte.

„Da hat das Christkindlein sich aber viel Mühe gegeben", versuchte Oma Mariechen, sie aufzumuntern.

„Ganz bestimmt. Aber wahrscheinlich hat es meine Karte nicht gelesen", wandte die traurige Greta ein.

„Deine Karte? Etwa die, die du deiner Mama immer gibst?" fragte Oma Mariechen weiter.

„Ja, genau diese Karte. Ich hatte Barbiepuppe mit Ballkleid drauf geschrieben." Gretas Augen wurden immer trauriger, fast so, als ob sie weinen müsste.

„So, so, eine Barbiepuppe", staunte Oma Mariechen und sah Mama bedeutungsvoll an.

„Greta, Barbiepuppen gibt es in Wirklichkeit doch gar nicht. Vielleicht hat das Christkind dir deshalb eine Puppe wie aus dem Leben geschenkt", meinte meine Mutter vorsichtig.

„Wie aus dem Leben?" fragte Greta.

„Ja, schau, die Frauen sind doch gar nicht so dünn wie dieses Modepüppchen. Wahre Frauen haben mehr Gewicht auf den Rippen. Schließlich sollen sie ja das Leben in die Welt tragen", versuchte Mama weiter zu erklären.

„Aber Mama, Maria mit dem Jesuskind ist immer nur schlank zu sehen. Sie hat nicht viel Gewicht, sie ist fast so dünn, wie eine Barbiepuppe", wandte ich nun ein.

„Das liegt daran, Mariechen, dass sie nichts zu reißen und zu beißen hatte. Maria und Josef waren arm, weshalb sie das Kind auch in einem Stall zur Welt brachte", schaltete sich nun mein Vater ein.

„Mama ist doch auch nicht so dick wie meine geschenkte Puppe", fiel Greta auf, immer noch voll Trauer über das falsche Puppengeschenk.

„Da hast du mal wirklich recht mein Kind. Deiner Mutter fehlen ein paar Pfund auf den Rippen", rief Opa Anton vom Sessel aus, zog genussvoll an der Zigarre und blies Kringel in die Luft.

„Ich halte nur Maß, Vater", rückte Mutter die Kritik zurecht, „es muss ja nicht jeder wie eine Dampfwalze durch die Welt laufen."

„Meinst du etwa mich"? fragte Oma Rose betroffen, „ich bin jedenfalls nur selten krank und habe meine Nerven im Griff, nicht so, wie die jungen Dinger heutzutage, die sich bis aufs Skelett abhungern, damit sie ihren Männern gefallen."

„Mama, hungerst du deshalb, um Papa zu gefallen?" fragte Karlchen voll Mitgefühl. Er fuhr sein Feuerwehrauto über der Couch spazieren und brummte vor sich hin.

„Karlchen, deine Mutter muss selbst wissen, wie viel sie wiegen soll. Von mir aus kann so noch zwei Kilo zunehmen", sagte Papa etwas gereizt.

„Dann magst du Frauen auch lieber, die mehr Gewicht haben?" fragte ich nun nach, weil ich die ganze Aufregung um das Gewicht meiner Mutter nicht verstehen konnte.

„Mariechen", sagte mein Vater jetzt, „ich liebe deine Mama so, wie sie ist, mit oder ohne Hüftgold."

„Warum versucht sie dann zu hungern?" fragte ich weiter.

„Ich hungere nicht", erregte sich Mutter nun, „ich esse so viel, wie ich kann."

„Dann bist du also auch keine Frau aus dem richtigen Leben?" befand Greta.

„Natürlich bin ich eine Frau aus dem richtigen Leben, auch wenn ich kein Übergewicht habe", beruhigte sich Mutter wieder.

„Gilt das nun wieder mir? Ich habe kein Übergewicht", entgegnete Oma Rose, „ich bin nur vollschlank."

„So, so, nennt man das jetzt so, wenn man sich nicht beherrschen kann und die halbe Schüssel Gebäck alleine aufisst", setzte jetzt Oma Mariechen nach.

„Es ist halt nicht jeder zur Bohnenstange geboren", verteidigte sich Oma Rose.

„Dann ist Maria ja gar nicht verhungert, sie ist nur so dünn, weil sie so auf die Welt gekommen ist", entfuhr es mir blitzartig.

„Mariechen, Maria ist so dünn, weil Überfluss den Menschen selbst und anderen schadet", erklärte mein Vater jetzt.

„Warum hab ich dann so ein großes Biest bekommen anstatt eine schöne schlanke Barbiepuppe", fragte Greta völlig verunsichert.

„Vielleicht ist deine Puppe schwanger", sagte nun Opa Anton und blies noch mehr Kringel in die Luft.

„Du meinst, Opa, wenn die Puppe das Kind geboren hat, schrumpft sie zusammen?" fragte Greta.

„Puppen bekommen doch keine Kinder", verlachte sich Karlchen.

„Aber Mama, warum hat mir das Christkindlein denn so eine dicke Puppe geschenkt, wenn sie das Kind gar nicht auf die Welt bringen kann, das sie im Bauch trägt?" fragte Greta verzweifelt.

„Also", sagte Papa beschwichtigend wie immer in spannungsvollen Situationen, „die Puppe ist nur ein Spielzeug. Im richtigen Leben gibt es dünne, schlanke und vollschlanke Frauen, ganz so, wie es der liebe Gott bestimmt hat."

„Dann musste Maria gar nicht hungern. Sie war so schlank, weil der liebe Gott lieber dünne Frauen mag?" fragte ich.

„Mariechen, der liebe Gott liebt alle Menschen so, wie er sie erschaffen hat", betonte Vater noch einmal.

„Aber arme schlanke Frauen müssen ihr Kind im Stall zur Welt bringen", brachte ich meine Erkenntnis nun vor, „reiche dagegen im Himmelbett."

„Mariechen, das Christkind kam im Stall zur Welt, weil die Geburt in einem Himmelbett niemand gekümmert hätte", sagte mein Vater.

„Dann macht Gott die Menschen arm, damit andere sich um sie kümmern können?" fragte ich erwartungsvoll.

„Das ist die Nächstenliebe, Mariechen. Gott will nur prüfen, ob wir uns gegenseitig helfen", führte Vater weiter aus.

„Dann weiß er ja jetzt, dass ich lieber eine Barbiepuppe bekommen hätte", sagte Greta aufmüpfig.

„Bekommt Greta dann die Barbiepuppe noch, weil das Christkind sonst durch die Prüfung gefallen wäre, wo es doch im Himmel von gefallenen Engeln nur so wimmelt", fragte ich nun in die Runde.

„Feiern wir dann nächstes Jahr kein Weihnachten mehr, weil das Christkind ein durchgefallener Engel ist?" fragte Karlchen traurig.

„Natürlich feiern wir im nächsten Jahr wieder Weihnachten. Vielleicht braucht Greta nur etwas Geduld. Die heiligen drei Könige sind auch nicht am ersten Tag gekommen, um dem Jesuskind die Geschenke zu überbringen", versuchte Vater weiter, die Aufregung aufzulösen.

„Da ist es Greta so ergangen wie dem Jesuskind. Steht deshalb in der Bibel, eher geht ein Kamel durch ein Nadelöhr als ein Reicher in das Reich Gottes?" brach es aus mir heraus.

SEIFE IN ASPIK

Die Rollen vertauschen an Weihnachten! Herrgott noch einmal, hätte ich mich doch darauf nicht eingelassen. Gregor wollte dieses Jahr kochen und den Weihnachtsbaum schmücken. Ich sollte dafür einkaufen gehen. So würden wir uns nicht in die Quere kommen, keine Diskussionen über den Standort des Weihnachtsbaumes, die Größe, die Glocken, wie viel Lametta... Na ja, wir meinten es ja alle immer nur gut. Das Menü hatten wir gemeinsam ausgesucht. Es fehlte nur noch der Fisch. Bestellt war er schon.

Also einkaufen, rausfahren, im Stau stehen. Alles hupte, Fußgänger liefen einfach quer über die Straßen, Ampelordnung adé! An Heiligmorgen sollte man nicht einkaufen gehen. Aber das war mein Beitrag zum friedlichen Fest. Ich hatte keine Wahl. Der frische Fisch musste abgeholt werden. Es war der letzte Punkt auf meiner Agenda. Die Pute, nicht tiefgefroren und in der Truhe, nein, sie lag im Kühlschrank, wohltemperiert!

Jetzt mach doch, Herrgott das schafft doch jeder. Nein, dieser Banause! Und da sagt man, Frauen könnten nicht einparken. Vielleicht parkte das Auto sogar selbständig, automatisiert, digital gesteuert. Ja, die Technik will jedoch auch nicht immer so, wie sie soll. Letztes Jahr kaufte ich einen elektrischen Nussknacker, ein Verkaufsschlager. Was geschah? Er schnappte nur einmal zu, fing an zu vibrieren, als wollte er das Nussknacker-Ballett tanzen... und kippte um. Aus war's, vorbei! Gott sei Dank hatte ich den alten aufgehoben.

Also bitte, das geht doch, das Lenkrad nur dreiviertel einschlagen, mein Gott, hinter mir hupte es schon wieder, ja, ja! Was konnte ich dafür, dass es so lange dauerte. Endlich stand der Wagen korrekt in der Parklücke, ich konnte den nächsten freien Parkplatz ansteuern. Nun gut, also die Taschen einstecken und der Zettel, auf in den Kampf! Nummer eins: Geschenk für Christian abholen, Fotoladen, dann Omas Seife kaufen. Sie liebte nach wie vor feste Seifenstücke, am liebsten herrlich duftend. Dieses Jahr nach Veilchen, Maiglöckchen gab es schon an Ostern. So, Geschenkpapier, ach was, das vom letzten Jahr müsste noch ausreichen. Die Uhr für Gregor und zum Schluss den Fisch abholen. Gregor kochte ein Fünf-Gänge-Menü mit Forelle blau. Hm! Zuerst also der Fotoapparat. Christian hatte ihn sich ausgesucht, wusste aber nicht, dass ich ihn tatsächlich bestellt hatte. Genau vor zehn Jahren drehte sich auch alles um einen Fotoapparat, genauer gesagt, um eine Minikamera. Wir fuhren nach Hofgastein, weg von dem Trubel, einfach mal den Winter genießen und sich an einer reich gedeckten Weihnachtstafel niederlassen. So zumindest war es geplant. Bilder wollten wir nach Haus schicken von dem Menü, dem Hotel, von uns an unsere Eltern, als Weihnachtsgruß, das hatten wir hoch und heilig versprochen. Aber die Kamera des Smartphones ging nicht und nicht nur das. Es hatte keinen Strom und ließ sich auch nicht aufladen. Was war das für eine Aufregung, den Eltern zu erklären, dass wir trotz modernster Technik keine Bilder senden konnten. Seither haben wir es nur noch selten gewagt, über Weihnachten zu verreisen. Wie schon gesagt, alles Technik oder was?

Viel Gedränge, durch das ich mich zwängen musste. Eine Rempelei nach der anderen, bis zum Eintritt ins Fotogeschäft. Da stand ich nun geduldig wartend in einer kleinen Schlange. Die Türglocke bimmelte. Ein Verkäufer stürzte in den Nebenraum und kam mit einem wunderschön dekorierten Paket zurück.

„Kommen Sie hierher", rief er der Kundin an der Tür zu. War das oder doch nicht? Doch, sie war's! Die Parteivorsitzende der Opposition.

„Ist das recht so?" fragte der Verkäufer hinter der Theke.

„Sehr hübsch, ja wirklich, sehr, sehr hübsch. Da muss ich mich ganz herzlich für den Service bedanken. Max wird sich vielleicht freuen." Ja, ja, denke ich, Christian auch, wenn es denn voran ginge. Oppositionsführerin müsste man sein, dann hätt ich mein Geschenk schon.

Gregor stellte bestimmt gerade den Baum auf. Ob er das hinbekommt? Ohne mich? Ohne Hilfestellung, ob der Baum nach links, oder doch ein wenig nach rechts? Bestimmt mussten Äste gekürzt werden für die Christbaumspitze. Die Dame vor mir war dran. Sie wusste nicht, was sie wollte, Himmel noch einmal! Konnte sie sich das nicht vorher überlegen. Ob die Spitze noch ganz oder schon zu Bruch gegangen war? Eigentlich wollte ich ja eine neue besorgen. Aber dieses Jahr hatte ich das nicht zu entscheiden! Leider! Ich war an der Reihe. Der Verkäufer überreichte mir das Paket. Es war ebenfalls sehr schön hergerichtet. Bei der Verpackung gab es wohl keine Unterschiede zwischen der Kundschaft. Vor Gott sind die Menschen alle gleich und im Fotoladen wenigstens bei der Verpackung! Vielen Dank auch dafür, es ist wirklich sehr ansprechend, ja, ja. Schöne Filmtage, ein frohes Fest. Bis zum nächsten Mal. Geschafft! Und einen guten Rutsch. Nein, das konnte ich nicht wirklich gebrauchen, Schnee und Eis, es war Gott sei Dank nichts gemeldet!

Nun in die Parfümerie, Duftseife aussuchen. Edel sollte sie sein, mit cremigem Schaum und pflegend! In der Parfümerie wurde man kostenlos geschminkt. Schade, keine Zeit. Nach mehreren Duftproben entschied ich mich für ein Veilchen-Markenprodukt.

Das würde meiner Mutter bestimmt gefallen. Sie liebte Veilchen. Der Garten meiner Kinderzeit war übersät mit Veilchen. Wie der Veilchenteppich von Hera und Zeus. Jedenfalls hat ihn Homer so beschrieben. Veilchenlikör setzte Mutter aus den Blüten an. Jeden Sonntag gab es zum Abschluss des Mittagessens ein Gläschen Veilchenlikör. Vater trank lieber ein Gläschen Cognac oder auch zwei. Selbst der Hochzeitsstrauß war voller Veilchen. Meine Mutter war eine schöne Braut. Aber sind nicht alle Frauen, die heiraten, voller Anmut und Schönheit im weißen Kleid. Veilchenduft, die junge, unschuldige Liebe! Drei Stück in einer luxuriösen Schachtel verpackt. Sie rochen durch die Verpackung hindurch, so intensiv war der Veilchengeruch.

Zurück auf der Straße blies ein heftiger Wind. Gut, dass ich den Mantel angezogen hatte und nicht die selbstgestrickte Weste. Was waren das noch für Zeiten, als das Geld hinten und vorne nicht reichte. Alle Geschenke wurden selbst gemacht, fast alle. Für Gregor hatte ich einen Norwegerpullover gehäkelt, jawohl, gehäkelt! Jahrelang hatte er ihn getragen, jetzt lag er im Karton auf dem Dachboden. Auch gut verpackt. Man kann ja nie wissen! Was dieser Pullover nicht alles erlebt hatte. Unser Winterurlaub in Tirol mit unserem Verein, auch über Weihnachten. Schön kalt war's und Gregor im Häkelpulli, ein Hingucker, auch wenn er das gar nicht abhaben konnte. Es war so kalt, dass die Eisskulptur des Brunnens auf dem Marktplatz von Nacht zu Nacht anwuchs bis zur imposanten Statue. Am Heiligmorgen brachte der Nikolaus den Gastkindern, so sie angemeldet waren, ein Geschenk. Unseren Christian rief der Tiroler Nikolaus erst ganz zum Schluss auf. Italienisches Konfekt, Äpfel und Lebkuchen. Christian freute sich. Ein wenig jedenfalls. Ich mich auch, denn ich liebe diese Süßigkeiten. Wir waren mit die letzten Touristen auf dem Marktplatz.

Vor der Bescherung versammelten wir uns im großen Saal, na ja, groß ist vielleicht etwas übertrieben, aber groß genug für die mitgereisten Vereinsmitglieder und Familien. Einige der Mütter waren beruflich als Erzieherinnen beschäftigt und hatten mit den Kindern Gedichte und Lieder einstudiert. Alle waren gespannt, ob ihr Kind oder Kinder – manche waren mit der ganzen Familie mitgefahren, Oma und Opa einbegriffen - auch laut und deutlich genug vortrugen. Ganz hinten konnte man jedoch nichts mehr verstehen. Mikrophone gab es keine. Aber Tränen, weil ein kleines Töchterchen kein Geschenk bekam, aber der Bruder. Die Mutter hatte vergessen, es in den Koffer zu legen.

Ich muss zugeben, dass ich das Geschenk auch zu Hause hatte liegen lassen, weshalb ich aber am Vortag alle Läden abgeklappert und schließlich ein geometrisches Legespiel gekauft hatte als Trostpflaster bis zur Bescherung zu Hause. Was haben wir gelacht in dieser heiligen Nacht. Alte und Junge, alle Generationen. So schön kann Weihnachten sein! Erstaunlich, dass heute so viele junge Leute unterwegs waren. Ach ja, es gab eine neue Unsitte, sich am Vormittag des Heiligmorgens zu betrinken, um die Bescherung und die Familie besser aushalten zu können. Die Bescherung hatten jedoch die Mütter, welche die jungen Weihnachtsfeierer entweder ins Bett bringen oder sie wachhalten mussten, bis alles vorbei war. Jede Generation entwickelte ihre eigenen Strategien, wie sie ihre Familien bestenfalls aushalten oder tyrannisieren können. Gott sei Dank liebte Christian Weihnachten. Die Nachbarin musste schon einmal den Notarzt rufen, Alkoholvergiftung!

Beim Juwelier war wenig Betrieb. Ich bekam mehrere Uhren vorgelegt, eine mechanische zum Aufziehen, eine mit Batterie und eine mit selbstaufziehendem Uhrwerk. Ich entschied mich für eine Uhr von Tissot mit Batterie. Silberarmbad, das würde Gregor gefallen.

„Hallo Frau Müller, auch noch unterwegs?"

„Ja, auf den letzten Drücker. Und Sie? haben Sie schon alles?"

„Noch einen Gang ins Fischgeschäft, dann ist alles erledigt."

„Dann will ich sie nicht länger aufhalten. Frohe Weihnachten", sprach's und verschwand in der Menge.

„Frohe Weihnachten", rief ich hinterher. Immer auf Zack, die Gute. Vom Glück vernachlässigt, frühe Heirat, Scheidung, ein neuer Anlauf, zwei Kinder, beide im Ausland tätig. Es kriselte wieder in ihrer Ehe, man munkelte von einer Liebschaft des Gatten. Sie umging jedes Gespräch darüber mit ihrem Mann. Wie lange das wohl noch gut gehen würde. Überall musste sie auch dabei sein, in wer weiß wie viel Vereinen sie ein Ehrenamt ausübte! Nur wenige Abende war sie zu Hause und der Gatte allein. Nicht jeder konnte damit umgehen.

Aber waren wir nicht alle auch mal allein, fühlten uns allein gelassen oder mitunter auch mal einsam? Heute wollte ich nicht weiter darüber nachsinnen. Ich hatte keine Zeit, um in Problemen zu versinken. Gregor würde die Uhr sicher gefallen. Er liebte Silber. Wenn nicht, könnte ich zur Not auf den Dachboden klettern und den Häkelpullover wieder auskramen. Noch den Fisch abholen. Nun stand ich tatsächlich richtig an. Es ging zwar flott, weil die meisten vorbestellt hatten. Aber die Schlange war lang. Forelle blau, ob wir danach auch blau sein würden vom vielen Riesling, dem köstlichen Veilchenlikör oder dem süffigen Glühwein? Bis zur Alkoholvergiftung würde es sicher nicht kommen. Die Seifenstücke dufteten weiter intensiv durch die Schachtel, Veilchen im Fischgeruch, das war wie Seife in Aspik, schoss es mir durch den Kopf. Ich musste lächeln bei der Vorstellung, was es doch alles so geben könnte, nein, so ein Unsinn. Aber Veilchen in Aspik, sie waren ja essbar. Selbst meine Mutter war nie auf diese Idee gekommen! Obwohl sie viele Veilchen-Rezepte ausprobiert hatte. Die Vorstellung von der Seife in Aspik ließ mich nicht mehr los.

„Was hatten Sie bestellt, Frau Weber?" fragte mich Gabriele hinter der Theke.

„Seife in Aspik", hörte ich mich sagen. Alle stutzten zuerst, dann kicherten sie.

„Ach, so ein Unsinn, nein Forelle blau bitte." Wieder kicherte es um mich herum.

„Blau wird die Forelle erst beim Kochen", meinte Gabriele, „ich bin auch schon ganz durcheinander, Frau Weber."

„Entschuldigung, bitte, ich hatte drei Regenbogenforellen bestellt", sagte ich. Wie peinlich so ein Versprecher, da macht man sich im Handumdrehen zum Gespött der Leute. Und das am Heiligmorgen. Dabei, ich schwöre es, hatte ich nichts getrunken, wirklich gar nichts, noch nicht einmal ein Gläschen Veilchenlikör.

DAS LÄCHELN EINES ENGELS

E ine Freude war das! Das Möbelhaus warb mit einem glänzenden Prospekt, der Weihnachtsmarkt war eröffnet. Anfang November. Auch wenn der Advent erst im Dezember beginnt, wollte ich doch vorbereitet sein. Je näher der erste Advent rückte, desto geringer wurde nämlich die Auswahl.

Ich fuhr los, fand sofort einen günstigen Parkplatz und schritt voller Vorfreude durch die Glasdrehtür. Links und rechts standen Sicherheitsleute. Klar, es wurde viel gestohlen. Auch oder erst recht an Weihnachten. Meine Hände waren leer und Taschen hatte ich keine dabei. Man winkte mich durch.

Direkt vor meinen Augen leuchtete, strahlte und funkelte es, was das Zeug hielt. Der erste Stand links an der Rolltreppe entlang lockte mit silbernen Kerzenständern, Engelfiguren, Glocken und Windlichtern aus Kristallglas. Edel, wirklich sehr edel wirkten die Ausstellungsstücke, was sich auch im Preis widerspiegelte. Am Stand gegenüber glitzerte es in goldenen Farben.

Trendsetter in diesem Jahr war die Krönchenform. Ob Kerzenständer, Gebäckschälchen oder Baumhänger, die Krone als Symbol für den König der Könige zierte alle möglichen Dekorationsartikel. Ziemlich prunkvoll, dachte ich, angetan von dieser Pracht und auch wiederum nicht. Der eigentliche Sinn des Weihnachtsfestes ging in dieser großbürgerlichen Schau unter. Jedenfalls schien es mir so.

Ich schlenderte an den nächsten Stand. Dort war alles in rosa gehalten, am Stande daneben alles in blau. Ganz hinten erst tauchten das traditionelle Rot und Grün auf. Weihnachtsmänner, Nussknacker, Wichtel und die Tischwäsche erinnerten mich an meine Kindheitstage, als es an Geld sehr mangelte und wir den Weihnachtsschmuck selbst bastelten: Sterne aus Stroh für den Baum und Sterne aus Glanzpapier für die Fenster. Mehr hatten wir nicht. Nein, das stimmt nicht ganz. Auch Lametta schmückte den Tannenbaum. Jedes Jahr bügelte es Mutter wieder frisch auf, damit es so richtig silbrig glänzte. Und Kerzen natürlich. Ein Weihnachtsbaum ohne Kerzen war undenkbar.

Plötzlich fühlte sich alles wie Tand an, mehr noch, es kam mir fast wie ein Verrat vor, die Geburt Jesus Christus mit diesen überbordenden Glanzstücken zu feiern. Schließlich kam Maria in einem Kuhstall nieder. Das Heil der Welt teilte sein Schicksal mit den Ärmsten der Armen. Wie konnte ich da die Wohnung derartig prunkvoll wie einen Kaisersaal ausschmücken? Genügten Gestecke aus Tannenzweigen nicht mehr und der angesammelte Christbaumschmuck aus all den voraus gegangenen Jahren?

Der Kaufrausch löste sich urplötzlich in nichts auf. Einzig allein eine Engelfigur lächelte mir zu, so als hätte sie die ganze Zeit ein Auge auf mich geworfen. Der Engel wollte mich wohl davor bewahren, vor lauter Begeisterung über den Weihnachtsschmuck den eigentlichen Sinn zu vergessen.

Ja, dachte ich, das war sicher ein Schutzengel. So trug ich nur diese Engelfigur nach Hause und stellte sie ins Fenster. Alle, die uns besuchten und mit uns Weihnachten feierten, konnte der Engel so in den Blick nehmen und beschützen. Dort steht er heute immer noch.

DIE NIKOLAUSVERSCHWÖRUNG

Kommissar Martin wollte sich gerade in den Feierabend verabschieden, als eine dringende Meldung einging. „Mann mit weißem Bart im roten Mantel wegen Spionageverdacht festgenommen", stand auf dem Fax. Sein Telefon klingelte.

„Was gibt's?" brummelte Kommissar Martin.

„Noch ein Verhör wegen vermutlicher Spionage. Ganz eilige Meldung vom BKA", sagte Polizeihauptmeister Abendrot.

„Na, das ist wieder hervorragend. Ich wollte endlich einmal nach Hause zu meinen Kindern. Es ist Nikolausabend", zauderte Kommissar Martin.

„Tut mir leid. Ich hätte mir auch etwas Besseres gewünscht. Aber Anweisung von ganz oben. Terrorwarnung, du weißt schon. Also, ich geh schon mal vor, bis gleich." Polizeihauptmeister Abendrot beendete das Gespräch.

Kommissar Martin rief seine Frau an, was ihm arge Magenschmerzen verursachte. „Ja, hallo Schatz. Ich weiß, du wirst jetzt sicher enttäuscht sein", sagte er entschuldigend.

„Wieder etwas dazwischen gekommen? Es ist jedes Jahr dasselbe. Können die nicht mal an Nikolausabend Ruhe geben", sagte sie wenig verständnisvoll.

„Terrorwarnung. Da kann ich nicht anders. Hat der Weihnachtsmann für heute Abend zugesagt?".

„Ja, ja, alles in Ordnung. Sollen wir auf dich warten?" fragte seine Frau.

„Ich kann nicht einschätzen, ob die Lage ernst ist. Also wartet nicht auf mich. Grüß die Kinder."

Er griff nach der Jacke und ging zum Verhörraum. Abendrot stand da und blätterte im Bericht. „Hier. Ich weiß nicht, was ich davon halten soll. Das ist alles möglich, aber es kann sich auch um einen Wichtigtuer handeln."

„Nun gut, lass uns hineingehen", sagt Kommissar Martin, nachdem er ebenfalls alles überflogen hatte.

Sie gingen hinein. Vor ihnen saß ein weißbärtiger Mann, schwer einzuschätzen, wie alt er war. Die Augen blitzten unter den buschigen Augenbrauen hervor, die leicht gerötete Haut hatte tiefe Kerben. Seinen roten Mantel hatte er noch an. „Können Sie sich vorstellen, weshalb Sie hier sind?" fragte er ihn.

„Ich, ich weiß es nicht. Seit Jahrhunderten fliege ich zur Erde. Noch niemals haben mich Abfangjäger am Weiterfliegen gehindert."

„Sie wurden vom Satellit Alpha Centauri gesichtet. Unsere Überwachung hat außerdem ergeben, dass sie immer auf dem Nordpol landen, deshalb sind sie hier", sagte Kommissar Martin.

„Was ist daran Besonderes?" wunderte sich der Festgenommene, „von dort starte ich jedes Jahr mit meinem Schlitten und den Rentieren, um den Kindern die vielen Briefchen zu beantworten."

„Briefchen, soso. Womöglich noch mit weißem Pulver! Sie geben also zu, sich unbefugt auf dem Nordpol herumzutreiben? Zeigen Sie mal Ihre Aufenthaltserlaubnis. Wer gibt Ihnen dort überhaupt Unterschlupf?" fragte der Kommissar.

„Aufenthaltserlaubnis brauche ich nicht. Ich bin überall auf der Welt zu Hause. Aber hier kenne ich nur meinen Knecht, den Herrn Ruprecht."

„Ruprecht, ein russischer Name. Welche Staatbürgerschaft besitzen sie denn, sie Weltbürger?"

„Ich verstehe nicht, Staatbürgerschaft? Was ist denn das? Ich kenne nur die Himmlischen Heerscharen, die fliegen übrigens das ganze Jahr über zur Erde. Allerdings starten die nicht am Nordpol." Er sah den Kommissar verständnislos an.

„Himmlische Heerscharen? Sie wollen mich wohl verkohlen." Kommissar Martin stemmte beide Händen auf den Tisch und sagte laut: „Meinen Sie das Flugheer der russischen Armee? Sind sie Russe? Haben Sie deshalb so viele Sterne auf ihrem Transportmittel?"

„Ich komme nicht aus Russland. Ich komme direkt vom Himmel. Fragen Sie doch die Himmlischen Heerscharen. Aber ich habe einen Verwandten in Russland." Der alte Mann sah auf den Boden, als hätte er etwas zu verbergen.

Polizeihauptmeister Abendrot übernahm: „Sie geben also zu, verwandtschaftliche Beziehungen zum russischen Staat zu unterhalten?"

„Väterchen Frost kommt aus Welikij Ustjug im Norden Russlands, circa tausend Kilometer nordöstlich von Moskau. Die Residenz von Väterchen Frost befindet sich im Wald, elf Kilometer von der Stadt Welikij Ustjug entfernt," sagte der Mann und fuchtelte währenddessen mit den Armen in der Luft.

Der Kommissar sagte zu seinem Assistenten: „Im Wald. Deshalb können ihn unsere Satelliten nicht orten."

„Aber er ist ganz leicht zu erkennen," unterbrach der alte Mann die beiden. „Er trägt einen langen blauen Mantel mit Pelzkragen, einen breiten Gürtel wie ich und eine typisch russische Pelzmütze. Ein dicker Eiszapfen dient ihm als Wander- und Zauberstab. Er reist von Sibirien aus quer durch Russland in einer Pferdetroika und ist in Begleitung des Jungen Neujahr und seiner hübschen Enkelin Snegurotschka."

Polizeihauptmeister Abendrot schüttelte den Kopf: „Das wird ja immer interessanter. Klingt wie eine Verschwörung."

Er schrie: „Die Russische Armee bereitet wohl eine Invasion vor und sie sind der Anführer!"

Der Weihnachtsmann zuckte zusammen. „Das würde ich so nicht sagen. Es gibt ja noch den Nikolaus und Santa Claus."

Kommissar Martin griff wieder ein. „Sind das ihre Kontaktmänner? Von wo aus arbeiten die denn im Untergrund?"

„Na Nikolaus kommt von Myra aus Kleinasien und Santa Claus aus New York. Seine Rentiere heißen übrigens Dasher, Dancer, Prancer, Vixen, Comet, Cupid, Donner und Blitzen."
Der alte Mann kam ins Erzählen.

„Blitzen, Blitzen. – Sind das Laserkanonen? Eine Weltverschwörung also!" Er drehte sich zum Polizeihauptmeister und fragte: „Weshalb hat uns der MAD nicht informiert? Wie soll man denn ein vernünftiges Verhör führen ohne Hintergrundinformationen?"

Polizeihauptmeister Abendrot erwiderte flüsternd: „Ich habe nur einen Bericht vom technischen Überwachungsdienst. Danach hat der Festgenommene keine Zulassung für sein Gefährt."

Der Weihnachtsmann, der dies trotzdem hörte, fragte: „Zulassung, was für eine Zulassung? Den Schlitten habe ich mithilfe der Engel gebaut."

Kommissar Martin hakte ironisch nach: „Engel? Nennt man jetzt die technischen Ausrüster Engel, wohl wie die vom ADAC, die blauen Engel, die sind auch alle falsch."

Der alte Mann erregte sich „Weiße Engel, bitteschön, wenn sie schon auf dem göttlichen Personal herumhacken müssen."

Polizeihauptmeister Abendrot schlug mit der Hand auf den Tisch: „Blaue Engel, weiße Engel, was spielt das für eine Rolle! Apropos ADAC. Wo ist denn ihre TÜV-Plakette?"

„Zulassung, TÜV-Plakette? Was meinen Sie denn damit?" Der alte Mann wirkte ratlos.

„Nun kommen Sie uns nicht als Unwissender daher. Bei Ihnen ist wohl alles vom Himmel gefallen? Es geht um technische Mängel an ihrem Fahrzeug, wenn man ihren Schlitten überhaupt so nennen kann", sagte Kommissar Martin.

„Tatsächlich sind wir alle Gesandte des Himmels", sagte er mit feierlichem Pathos in der Stimme und fuhr weiter: „aber wahr ist, dass der Schlitten nicht mehr so schnell fährt. Vielleicht hat ein Rentier etwas an seinen Hufen. Obwohl sie alle vor der Fahrt frisch beschlagen wurden. Rudolph kann es nicht sein. Seine Nase blinkt nach wie vor leuchtend rot."

Polizeihauptmeister Abendrot setzte nach: „Wie schnell fährt denn dieser Schlitten normalerweise?"

„Na achtzig", sagte der Alte bedächtig.

Kommissar Martin wurde wieder lauter. Er fühlte sich hinters Licht geführt: „Was, achtzig Stundenkilometer? Dann wären Sie ja Monate vom Nordpol aus unterwegs? Noch so eine Finte! Nun rücken Sie mal mit der Wahrheit heraus, sonst sitzen wir noch an Weihnachten hier."

„Da haben Sie recht. So viel Zeit habe ich nicht. Ich sollte das ganz schnell aufklären. Es sind Lichtjahre, achtzig Millionen, keine Kilometer. Wir rechnen nach der Sternenzeit. Die Ewigkeit ist weit!" Er faltete seine Hände vor seinem Bauch.

Polizeihauptmeister Abendrot drehte sich um und sagte zu seinem Kollegen gewandt: „Star Trek lässt grüßen. Also gibt es diese Geschwindigkeit doch! Wir müssen sofort den Militärischen Abschirmdienst informieren. Die Russen haben die Worpgeschwindigkeit entdeckt!"

„Ach, meinen Sie etwa diese dusseligen Zukunftsfilme der Enterprise. Vergessen Sie's! Ich habe aber einige Raumschiffe im Gepäck", sagte der Mann belustigt.

Kommissar Martin wiederholte: „Raumschiffe?" Zum Polizeihauptmeister sagte er: „Ich glaube, wir haben es hier mit einem Simulanten zu tun, mit einem Möchtegern James Bond. Oder vielleicht einer aus der Sendung ‚Verstehen Sie Spaß'. Kein Wunder, dass uns der MAD nicht informiert hat. Zum Weihnachtsmann gewandt sagte er nun ironisch: „Welchen Treibstoff verwenden Sie denn für die Raumschiffe?"

„Licht und heiße Luft."

Polizeihauptmeister Abendrot sagte zum Kommissar: „Alles klar. Der ist nicht ganz dicht." Er tupfte mit dem Zeigefinger auf die Stirn.

„Wissen Sie, die Kinder wünschen sich heute kleine Raumschiffe, um im Weltraum herum zu fliegen. Es reicht nicht mehr, ihnen Lebkuchen und Mandelherzen zu schenken", versuchte der Mann zu erklären.

Kommissar Martin wurde wieder laut: „Sie sind wohl der Weihnachtsmann?"

„Endlich kommen sie drauf. Das hat aber lang gedauert. Na, was soll ihnen denn der Weihnachtsmann schenken?"

Nun empörte sich auch Polizeihauptmeister Abendrot: „Am besten ein Feuerwehrauto, damit ich meinen Ärger wieder löschen kann."

Kommissar Martin setzte nach: „Aber nur eines mit Martinshorn."

Sie verließen beide den Raum. „Also, der hat nicht alle Tassen im Schrank. Wir lassen ihn laufen. Dafür hab ich nun die Familie allein gelassen. Also mach's gut. Schönen Nikolausabend."

Polizeihauptmeister Abendrot sagte: „Immer diese Spinner. Als wenn heute noch jemand an den Weihnachtsmann glauben würde. Also dann, bis nächste Woche. Schönen Gruß an die Familie."

„Der Mann kann gehen", sagte Kommissar Martin zu der Wache. Dann griff er zum Telefon und rief wieder seine Frau an: „Na, habt ihr schon angefangen. Ich bin jetzt gleich unterwegs."

„Nein. Der Weihnachtsmann ist noch nicht gekommen. Stell dir mal vor, es ist etwas Seltsames geschehen. Als die Kinder aus dem Fenster geschaut haben, um nach dem Nikolaus zu sehen, schneite es heftig und plötzlich stand auf dem Fenster: Bin von ungläubigen Polizisten aufgehalten worden. Rudolph strengt sich extra an, damit die Verspätung nicht zu groß wird. Und alles geschrieben aus Schneebuchstaben."

WIE DIE ERZENGEL DEN HIMMEL RETTETEN

Die Erde drehte sich wie seit Tausenden von Jahren um die Sonne. Am Wintersonnenpunkt geriet sie plötzlich ins Stocken. Weil die Sonne so flach am Horizont lag, dass die Strahlen unter den Mondschatten gerieten, hatten sie sich in der Mondumlaufbahn verfangen. Der Mond indes schien wie entflammt, auf der Erde aber war es stockdunkel.

„Du lieber Himmel", entrüstete sich der Erzengel Gabriel, jener Engel, der Maria die Botschaft überbrachte, als Mutter auserkoren zu sein. Sie sollte den Sohn Gottes zur Welt bringen.

„Wenn es so dunkel ist, können die Menschen nicht Weihnachten feiern, meine Botschaft wäre umsonst gewesen, ein „Fakenews", wie man heute zu falschen Nachrichten sagen würde."

Das wollte Gabriel nicht hinnehmen und bat um eine Audienz bei Gottvater. Der war jedoch mit den vielen falschen Heiligen beschäftigt, die sich auf der Erde angesammelt hatten. Sie sollten ihre Heiligenscheine ablegen, weshalb es auch auf der Erde so dunkel war. Denn die Sonne, geblendet durch das falsche Licht, hatte die Orientierung verloren, der Grund für den flachen Stand am Horizont.

Erzengel Gabriel war zutiefst besorgt, dass Gottvater diese Finsternis verursacht hatte. Konnte er die Verirrten nicht auf eine andere Art und Weise zur Einsicht bringen? Doch Gottvater ließ sich nicht von seinem Vorhaben abbringen, auf der Erde das Licht auszuschalten. So konnte er die falschen Heiligenscheine direkt erkennen und vernichten. Denn inzwischen strahlten sie im Widerschein in den Augen der Gläubigen auf.

Erzengel Gabriel wusste sich keinen Rat mehr und berief den Erzengelrat ein. So saßen die vier Erzengel an einem Tisch zusammen und überlegten, was zu tun sei.

Gabriel sagte: „Wir können nicht zulassen, dass die göttliche Seele sich in Vergeltungsmaßnahmen ergibt. Sie wird Schaden nehmen und den Himmel mit Bitternis füllen."

„Ich werde das Schwert für Gottvater führen. Es ist meine Aufgabe, die Menschen zur Räson zu bringen. Ich fliege mit den Gewalten, Fürstentümern und Mächten auf die Erde und befördere die Übeltäter in die Hölle. Ihre Seelen müssen wieder reingewaschen werden", sprach Erzengel Michael.

„Ich werde dich begleiten, um die schuldlos Hineingeratenen zurückzuführen und zu beschützen", sagte Erzengel Raphael.

Uriel versprach: „Ich werde wieder Licht auf die Erde bringen, damit die Sonne den Horizont besser erkennen und ihre Strahlenschwerter aus dem Mondschatten befreien kann."

Gemeinsam wollten Sie die göttliche Seele von ihrem Zorn befreien, um die Erde und die darauf lebenden Menschen zu retten, die sich gegen die falschen Heiligen zur Wehr setzten. Angeführt von Erzengel Michael, flogen die himmlischen Heerscharen hinab zur Erde, um noch rechtzeitig das Gefüge der Sterne und Planeten zu ordnen, damit am vierundzwanzigsten Dezember das Weihnachtsfest gefeiert werden konnte.

Auf der Erde aber herrschte große Angst, denn die Finsternis war in ihren Vorstellungen der Beginn des Endes dieser Welt. Hieß es nicht in den Prophe-zeiungen, es werde Dunkelheit über die Erde kommen, Feuer fallen und das jüngste Gericht würde über den Köpfen der Menschen schweben und tagen?

Die Präsidenten mit den falschen Heiligenscheinen hatten sich indes zusammengeschlossen und einen Plan geschmiedet, wie sie der Dunkelheit entkommen konnten. Sie wollten gemeinsam ihre Atombomben zünden und so für ein Feuerwerk sorgen. Die Menschen, die ihnen folgten, ihre Freunde und Vertrauten, wollten sie vorher in einem strahlensicheren Bunker unterbringen, bis der Rauch verzogen war. So würden auch gleichzeitig all jene vernichtet, die ihre Herrschaft bekämpfen wollten.

Erzengel Michael flog mit den himmlischen Heerscharen an den Südpol, um die Erde anzuheben, damit die Sonne ihre Strahlen zurückziehen konnte. Sie würde wieder in die richtige Position gelangen, um ihr Licht auf die Erde zu werfen. Es war höchste Zeit, denn der Countdown des Atombombenabwurfs zählte schon nach unten. Die Menschen versteckten sich in ihren Häusern. Keiner war mehr auf den Weihnachtsmärkten unterwegs. Alles war verwaist. In den lebenden Krippen schrie der Esel wie von Sinnen und die Ochsen stampften im Stroh herum. Das Christkindchen hingegen lag ganz friedlich in den Windeln im Stroh. Es schien unbekümmert zu sein.

„Hebt an!" gab Gabriel den Befehl, die Richtung der Erdkugel zu ändern. Es funktionierte. Plötzlich strahlte im Osten das Sonnenlicht auf, zog wieder eine runde Bahn und funkelte wie der Stern von Bethlehem.

„Seht doch, es ist ein Wunder geschehen", riefen die Menschen und liefen auf die Straßen. „Uns ist ein Stern aufgegangen."

Als die falschen Heiligen dies sahen, dachten sie, die Bomben hätten schon gezündet und verbarrikadierten sich in ihren Schutzbunkern. Erzengel Michael flog mit den Heerscharen zu den Bunkern und rollte vor jeden Eingang so viel Felsgestein, dass es für die Eingeschlossenen unmöglich war, sich wieder daraus zu befreien. Die falschen Heiligenscheine erloschen und mit ihnen ihre Widerscheine.

„Jetzt kann es wieder Weihnachten werden", frohlockten die Menschen und beschlossen, sich neue Regierungen zu wählen, die ihre Beschlüsse nun vor den Menschen rechtfertigen mussten und erst nach deren Zustimmung umgesetzt werden konnten. Raphael hatte alle Hände voll damit zu tun, die Verirrten wieder auf den richtigen Weg zu begleiten und die Wunden derer zu heilen, die durch die falschen Heiligen verführt worden waren. Gottvater aber freute sich über die Tat seiner Erzengel. Sie hatten mit ihrem Werk den Himmel gerettet. Die Erzengel wussten ja nicht, dass Gottvater lediglich ihre Ergebenheit prüfen wollte, denn er war müde geworden und wollte sich etwas Zeit verschaffen, um ein wenig auszuruhen. Jetzt konnte er sicher sein, dass die Erzengel ihrer Aufgabe gerecht werden würden. Sie würden ihn während seiner Auszeit sicher gut vertreten.

AUF DER KARTOFFELHÜTTE THRONT EIN SCHNEEMANN

A m Karfreitag führt die Via Crucis vom großen Markt direkt nach Golgotha, wo Jesus ans Kreuz gebunden wird, hier auf dem kleinen Markt in Saarlouis. Wo die Stadtverwaltung des Sonnenkönigs die in der ganzen Stadt in Tulpen- und Narzissenbeetchen verteilten Krönchen mit Goldfarbe anpinseln und polieren lässt, tragen sie Jesus zu Grabe. Wir haben jetzt Advent, heute geht es um die Geburt des kleinen Heilsbringers mit goldenen Locken, nicht um sein Sterben. Zwölf Meter hoch blinkt der Tannenbaum mitten auf dem kleinen Markt, unterteilt in rote und blaue Lichtfelder; rot sind die Sterne, Schneeflocken und Rentierfiguren, blau die unzähligen Lämpchen, die dazwischen gespannt sind. Er überragt den Tannenbogeneingang mit dem Leuchtschriftzug „Weihnachtsmarkt Saarlouis", vorangestellt die bourbonische Lilie, das Wahrzeichen des Stadtgründers.

Saarlouis wälzt sich an diesem Tag im Schnee, das mehrteilige Flügelrad der hochgeschossigen Pyramide aus dem Erzgebirge sichelt zielstrebig durch die Flockenschar. Heute zelebriert das Saarländische Marionettentheater Rumpelstilzchen und manche Besucher schwanken nach mehreren Glühweinbechern genauso polternd wie der Wutzwerg aus Grimms Märchen durch die überfüllten engen Gässchen des Marktes. Jedes Jahr gibt es neue Saarlouiser Weihnachtsmarkttassen als Stiefelchen oder Becher, wie übrigens auf allen größeren städtischen Weihnachtsmärkten, auch im Saarland, echte Sammelobjekte für Touristen und Keramikliebhaber. „Heiße Heidi" heißt an manchen Ständen der Glühwein, der in die Becher gefüllt wird oder je nach Gewürzen und Aromen „Weihnachtsapfel", „Zipfelmütze", „Weißer Winter" heißt, alles reine Geschmackssache. Neben

Punsch und Kinderglühwein wird auch Nikolausbock ausgeschenkt.

Der Weihnachtsmarkt hat für Kinder mehr zu bieten als die Passionsspiele Via Crucis. Eine Märcheneisenbahn knattert Runde um Runde, Rotkäppchen läuft dem Wolf hinterher, sieben Zwerge suchen das Schneewittchen. Am Handwerkerstand werden Körbe geflochten, auf den Amboss gehämmert und Holz gedrechselt. Die traditionelle Arbeitskleidung der Zünfte wärmt die Handwerker mit Lederschürze, Weste, schwarze Kapokhose oder dickem Rollkragenpullover. Neugierige Blicke und Wehmut begegnen ihnen gleichermaßen. Erinnerungen an Vergangenes, ja früher war das noch... Wie? Besser? Aufregender? Für Kinder eine Aussicht auf Abenteuer. Die Augen glänzen. Aber nicht nur dort.

Die Eisarena ist ebenfalls ein Anziehungspunkt. Alte und junge Schlittschuhläufer starten die sportliche Karriere, nur so zum Spaß versteht sich oder meint das etwa jemand ernst? Freude soll jeder haben ohne den üblichen Leistungsdruck, doch manche rennen um den Iglu in der Mitte herum, als hätten sie eine Wette abgeschlossen. Ununterbrochen dudelt es dort „O du fröhliche" aus den Lautsprechern, selbst die Tiere im Minipark nebenan wirken gestresst. Endlich wird sie abgestellt.

Wo an Karfreitag das Kreuz aufgebaut ist, spielt jetzt die Blaskapelle des Musikvereins „In dulci jubilo". Mitsingen tut niemand und froh sind auch nicht alle. Blasmusik ist nicht jedermanns Sache, wenngleich die Musikerinnen und Musiker die Trompeten, Cornets, Tuben und Hörner tadellos beherrschen, alle Töne stimmen und fügen sich zu einem harmonischen Klangbild zusammen. Wohlgerüche, die Appetit machen, durchziehen überall die Luft. Es riecht nach Waffeln und Knobi-Baguettes, gebrannten Mandeln, heißen Maronen, Flammkuchen, Pizzen, gebackenem Fisch, Schwenkern und Würstchen.

Auf der Kartoffelhütte thront ein aufgeblasener Schneemann, skandiert von Tännchen, Eisbären und Rentierfiguren.

Er wankt unter dem Schneefall auf der Dachspitze hin und her. Irgendwann ähnelt er tatsächlich einem echten handgerollten Schneemann.

Viel Gedränge herrscht an der Almhütte mit zünftigem Personal in roter Kleidung. Auf dem Vordach sitzt ein großer Nikolaus und überwacht den Platz. Im Juni spielen hier Popbands Hits und alte Schlager während der Saarlouiser Woche, dem großen mehrtägigen Volksfest der Stadt, welches das gesellschaftliche Leben widerspiegelt, mit Mundartbühne auf dem großen Markt bis hin zur Soccer Outdoor Event-Arena auf dem kleinen Markt. Am Wochenende endet das Fest mit der Saarlouiser Emmes. Dann wird hier Moselfränkisch geschwätzt, Ringgauisch oder Französisch, denn die Partnerstädte Saint Nazaire und Eisenach sind vertreten. Dann wackeln die Fassaden vom Brummen der Bässe und den Schlagzeugwirbeln.

Wem es hier heut zu laut ist, verzieht sich in die Kleine Galerie, dem Einkaufszentrum, dessen zentraler Glaskuppelbau das historische Gebäude Kaserne IV aus dem Jahr 1863 mit dem Neubautrakt verbindet. Heute ist sie zauberhaft geschmückt mit Glöckchen, Lichterketten, Glockengirlanden, Tannenbäumchen und flackerndem Kerzenlicht aus LED's. Während draußen der Schneefall nicht enden will sitzt man im Inneren an Bistrotischen, schlürft Irish Coffee oder Tee, diskrete Weihnachtsmusik inklusive. Geschenke kann man auch im Warmen kaufen, wenngleich die schwebenden Engel an den Buden, die Duftkerzen, die filigranen Schächtelchen, Edelsteinschmuck und Kristallfigürchen mehr zum Einkauf verlocken, erst recht, wenn es schneit. Dort ist die Luft voller Adventgewürze und Aromen.

Am Abend läuten im Stahlglockenturm die fünf Glocken der 1967 nach den Plänen von Gottfried Böhm neu erbauten Stadtkirche Sankt Ludwig und Sankt Peter und Paul, deren neugotische Fassade mit Turm wegen der historischen Bedeutung erhalten blieb. Sie rufen zur Andacht in all dem weihnachtsgeschäftlichen Treiben, erinnern an das eigentliche Geschehen vor zweitausend Jahren und mahnen zur inneren Einkehr. Die Kirche mit dem wuchtig hervortretenden Dach-Gewölbeansatz aus kubischem Faltwerk präsentiert sich ebenfalls festlich mit roten Weihnachtssterngestecken.

Links vor dem Aufgang zur Altarinsel steht vor der historistischen Statue des Heiligen Ludwigs im Kreuzrittergewand und königlichem Hermelinmantel mit der Dornenkrone Christi ein hoher Tannenbaum. Er ist mit großen Strohsternen und einer Lichterkette geschmückt. Davor steht die Weihnachtskrippe mit einem überdimensionalen Stern mit Kometenschweif und vorwiegend weiß betuchten, fast lebensgroßen Figuren. In der Stille des halbdunklen Vorraums züngeln die zahlreich angezündeten Votivkerzen vor der Marienikone als pfingstliche Hoffnungsträger. Wenn die Kirchgänger über die roten Tonplatten in den Sakralraum gehen, verblasst auf dem Weg dorthin die Betriebsamkeit des Weihnachtsmarktes. Die Ministranten rasseln mit den Schellen, der Priester tritt mit lila Gewand aus der Sakristei und schreitet an den Zelebrationsaltar. Wenn der Kirchenraum sich mit Orgelklängen füllt, welche von den rohen Betonwänden widerhallen, die Gemeinde „Wachtet auf, ruft uns die Stimme" singt, ist von dem Marktgeschehen draußen nichts mehr zu spüren. Das Mysterium der Menschwerdung Gottes tritt in den Vordergrund, das gottesdienstliche Geschehen mit der feierlichen Andacht.

Die Gemeinde lässt sich auf die mit grünen Kissen belegten Stuhlbänken nieder und hört dem Evangelisten zu. Kyrie eleison singt der Kantor vor, Christe eleison antworten die Gottesdienstbesucher. Weihrauch strömt vom Altar zu den Gläubigen. Wahrhaftig, jetzt erst tritt die Bedeutung der Adventszeit in den Vordergrund. Die Christen erwarten die Ankunft des Herrn.

HÖHERE GEWALT

Oh sieh nur, es schneit! Die Himmelslawine aus weißen, federleichten Flocken rollte über das Köllertal, füllte die Mulden und Hänge der Gärten und Felder mit einer glitzernden Schneedecke. Vom Wohnzimmer aus strahlte mir das weiße Geblüt hinter dem Haus entgegen, das zarte Gewöll über der Lebensbaumhecke, himmelhoch wachsend. Tannen sahen bald wie der Turmbau zu Babel aus, windschief, aufgepfropft, überladen. Die Steilhänge aus Schnee lockten Vögel zur Rutschpartie am Futterhaus. Der Überhang des Kandelabers mopste auf, bis auch er ins Schlingern geriet.

Der Schnee machte vor nichts und niemandem Halt. Ausnahmslos nahm er von allem Besitz, was sich ihm in den Weg stellte. Vergessene weiße Sonnenstühle wurden zu Schneeskulpturen, bildeten mit dem Tisch ein Stillleben. Ja, wortkarg ist der Winter, leicht und lockend wenn es so schneit wie heute und schwer und belastend, wenn der Frost alles erstarren lässt und das Leben in der Natur zur Herausforderung wird.

Die wenigen Schneetage der letzten Winter dienten bei uns dem Erlebnisfaktor. Kinder funktionierten steile, unbefahrbare Straßen zu Abhängen um und rutschten mit ihren Schlitten hinunter. Sankt Moritz im Köllertal. Das war ein Lachen und Jauchzen! Es ersparte außerdem die Reise in die Wintersportgebiete, wenngleich die Gemeinden hierzulande im Chaos versinken, wenn die Wettervorhersage ungenau ist. Auch wenn sie zutrifft, sind nur die Hauptverkehrstrassen, die Dorfmitte oder das Stadtinnere befahrbar. Die Seitenstraßen werden meist nicht mehr geräumt. Das führt dazu, dass Arbeitnehmer ein Zubringerproblem haben. Die höhere Gewalt muss fürs Zuspätkommen und Ausfälle herhalten.

Die höhere Gewalt, die auch dafür sorgt, dass Wintergefühle die Sehnsucht nach Weihnachten aufkommen lässt. Der Wunsch, anderen Menschen nahe zu sein, sich nicht mehr allein zu fühlen, dazu zu gehören und in einer Gemeinschaft Geborgenheit finden.

Weihnachten, die höhere Gewalt aus der anderen Zeit, die sich uns in der Gegenwart nicht erschließt, die höhere Gewalt der Schöpfung, die uns immer wieder begegnet und uns erahnen lässt, dass der Sinn dem Sinnen entspringt und erst erfahrbar werden kann, wenn wir unserem inneren Sinn folgen, wenn unser Dasein unserem Sosein entspricht. Doch woher können wir das wissen? Wie können wir uns unseren Lebensauftrag erschließen?

Vielleicht, dachte ich, als ich die Terrassentür öffnete und den frischen Wind einatmete, solltest du auch wie der kleine Vogel auf dem Dach des Futterhauses landen und deiner Fähigkeit zur Balance vertrauen. Vielleicht ist das Scheitern vor deinen eigenen Ansprüchen die höhere Gewalt des Lebens. Vielleicht ist das unbedingte Anhäufen von Wissen nicht der eigentliche Lebensauftrag. Denn vieles wissen wir erst dann, wenn wir es wissen müssen. Und vieles wissen wir in diesen Augenblicken, ohne es vorher gelernt zu haben.

Vertrauen, dachte ich, vertrauen in sich selbst ist vielleicht der eigentliche Anspruch, dem wir gerecht werden sollten, Vertrauen in Gottes unerschöpfliche Schöpfung, Vertrauen in die Kraft Gottes, in die Fähigkeit des Geistes, die sich in allem widerspiegelt, was lebt. Weihnachten mit nur einem einzigen Wunsch feiern, die Kraft zu entdecken, Gott zu vertrauen, sich selbst und den Menschen, die um einen sind.

ADVENT

G ibt es Schutzengel? Die himmlischen Heerscharen, Fürstentümer und Gewalten? Ist die von Menschen erdachte Engelordnung tatsächlich vorhanden? Wie kann man das wissen? Stellt man sich diese Fragen, könnte man auch an der Weihnachtsgeschichte zweifeln.

Ein Mensch gewordener Gott, empfangen vom Heiligen Geist, geboren von der Jungfrau Maria? Mit menschlichem Verstand nicht zu begreifen, mit wissenschaftlichen Methoden nicht zu beweisen. Nein, auch wenn die Existenz Jesus von Nazareth inzwischen historisch belegt ist, kann die Auferstehung nach dem Tod nicht bewiesen werden. Ein Paradies, ein Himmelreich, die Ewigkeit nach dem Tod?

An manchen Tagen lässt mich mein Glaube arg straucheln. Die Schöpfungsgeschichte eine Erfindung? Die unterschiedlichen Auslegungen der Bibel und die Folgen ein Ausdruck dichterischer Freiheit?

Die Menschheitsgeschichte ist voll mit Hass und Krieg. Haben die Religionsgemeinschaften dies zu verantworten? Bis in die Gegenwart hinein wird Gott dazu missbraucht, Gewalt zu rechtfertigen.

Kann Gott gewollt haben, dass die Menschheit sich in seinem Namen bis zum eigenen Untergang und dem der Erde gegenseitig bekämpft und bekriegt? Das jüngste Gericht als alles zerstörenden Atomkrieg?

Gegenwärtig drohen menschengemachte Katastrophen und scheinen kaum noch umkehrbar zu sein. Zwischen Himmel und Erde gibt es so viele Dinge, die bis heute niemand ergründen und erklären kann. Trotz Mondlandung und Raumfahrt. Wie entstand der Urknall? Diese Frage bleibt ungelöst!

Ich hätte auch fragen können, was ist Liebe? Wie kann dieses Gefühl erklärt werden? Ein Ablauf biochemischer Reaktionen? Ja, das sicher auch. Was aber löst das Gefühl aus? Die Zuneigung, die Sehnsucht, das Bangen und Hoffen. Wie entsteht Liebe? Kann man Liebe lernen? Freud & Co. hätten sicher eine wahre Freude an meinen Fragen gehabt. Die Psychologie ist voll von Erklärungsmodellen unserer Empfindungen. Aber auch hier fehlt der kausale Entwurf. Erklär mir Liebe, fragen daher viele Poeten heute noch. Liebe empfinden und weitergeben – eine Botschaft des Jesus von Nazareth. Nächstenliebe, alle Menschen werden Brüder und Schwestern – kann es etwas Schöneres geben? „Was du dem Geringsten meiner Brüder tust, das hast du mir getan." (Matthäus 24:50)

Die Familie als Zusammenschluss von Menschen, als ein atmender, sich stets in Bewegung befindender Beziehungsprozess. Gegenseitiges Umsorgen, Unterstützen, Helfen ohne Anrechnung von Kosten, Verlusten, Verzicht oder ...?

Vielleicht ist es ein Wunder, heute noch an das Wunder der frohen Botschaft zu glauben, vielleicht ist ja gerade dies der Beleg für die Schöpfungsgeschichte. Vielleicht ist gerade die Suche nach wissenschaftlichen Erklärungen die Entsprechung der Versuchung, vom Baum der Erkenntnis essen zu wollen?

Das Unrecht, das Menschen anderen Menschen zufügen, ist nicht Gott gewollt. Alle abrahamitischen Religionen schaffen grundlegende soziale Ordnungen, stiften Sinn. Viele staatliche Verfassungen lassen an vielen Stellen die Bibel, den Talmud oder den Koran erkennen oder liegen ihnen zugrunde. Und doch gibt es keinen Frieden. Was also kann die Weihnachtsbotschaft heute bedeuten in all dem Kommerz, der sich inzwischen jenseits traditioneller Bräuche drum herum entwickelt hat? Kann es darauf eine einfache Antwort geben?

Religiös kann man Advent je nach Fragestellung so übersetzen:

historisch:
A ndacht
D reieinigkeit
V erkündigung durch den
E rzengel Gabriel

N acht der
T heophanie

oder exegetisch:
A nkunft
D es Sohnes gezeugt vom
V ater
E inheit im Wesen
N uminosum
T rinitäre Theophanie

oder marianisch:
A userkorene
D emütige
V erheißene
E mpfangende
N iederkommende
T ochter Zions

Vielleicht ist folgende Erklärung die einfachere Antwort: Wir warten auf die Geburt eines Kindes. Für Christen ist es der Sohn Gottes, der das Heil in die Welt bringt und uns unsere Schuld vergibt, der Ausgangspunkt für die Überzeugung an eine jenseitige Existenz, das Leben nach dem Tod. Denn es steht geschrieben:
    „Mein Reich ist nicht von dieser Welt." (Johannes 18:36)

    „Denn uns ist ein Kind geboren, ein Sohn ist uns gegeben, und die Herrschaft ist auf seiner Schulter; er heißt Wunderbar, Rat, Held, Ewig-Vater, Friedefürst." (Jesaja 9:6,7)

„Aber du, Tochter Zion, freue dich sehr, und du, Tochter Jerusalem, jauchze! Siehe, dein König kommt zu dir, ein Gerechter und ein Helfer, arm, und reitet auf einem Esel und auf einem jungen Füllen der Eselin." (Sacharja 9:9)

Vielleicht ist das Bewahren des Glaubens das wahre Wunder der Weihnachtsgeschichte, unabhängig von den historischen und gegenwärtigen Verfehlungen der handelnden Menschen der Kirchen und Religionsgemeinschaften. Denn es steht auch geschrieben:

„Wahrlich ich sage dir: In dieser Nacht, ehe der Hahn kräht, wirst du mich dreimal verleugnen." (Matthäus 26:34)

WEIHNACHTEN IN ZEITEN DER PAN-
DEMIE

In diesem Jahr schien vieles anders zu sein. Der Winter, der in unseren Breitengraden eigentlich keiner war, der Fasching, der durch Sturmböen örtlich stark eingeschränkt werden musste, ein Virus, das die Welt gefangen nahm und alle Geschäftigkeit zum Stillstand brachte. Was würde noch kommen? Das so sicher geglaubte Leben geriet für manche völlig aus den Fugen und brachte Lebensumstände zum Vorschein, von denen man zwar irgendwann schon einmal gehört hatte, die nun -aus welchen Gründen auch immer- eine Schieflage der gesellschaftlichen Entwicklung deutlich werden ließ und zwar so eindringlich, dass die Politik sie nicht länger ignorieren konnte. Würde das Weihnachtsfest genauso wie das Osterfest ausfallen müssen? Würden wir gezwungen sein, es in aller Stille und allein zu begehen? Die Sehnsucht nach dem alten Leben war groß, die Rückkehr zu alten Gewohnheiten, Wertmaßstäben, zwischenmenschlichen Beziehungen noch größer.

Der Verzicht auf viele Dinge, die lieb und teuer waren, nötigte uns sehr viel Kraft ab. Was aber wäre, wenn dies unumkehrbar wäre, das wirtschaftliche und soziale Leben weltweit über einen längeren Zeitraum im Stillstand verharren müsste? Schwer vorstellbar, eine weltwirtschaftliche Katastrophe, eine Umkehrung der Verhältnisse wie es sie ohne Krieg in den letzten hundert Jahren nicht gegeben hatte. Revolutionen gingen in der Vergangenheit mit Elend und Verelendung einher, mit Vertreibung, Tod und Untergang. Naturkatastrophen löschten ganze Zivilisationen aus. Ohne menschliches Zutun und trotz Entgegenwirken. Verschwörungstheorien machten die Runde, Beschuldigungen, Versuche, lebensschützende Artikel anderen Ländern wegzukaufen, Alleinverwertungsrechte lebensrettender Medikamente und Impfstoffe an sich zu reißen. Im Überlebenskampf ließen einige Präsidenten und Politiker manche Masken fallen oder zogen neue zur Tarnung an. Verstörende Bilder kamen einem in den Sinn, Weltuntergangsszenarien wurden propagiert.

Zeit, sich wichtige Fragen neu zu stellen, Zeit, die Botschaft von Weihnachten grundlegend neu zu denken. Wie die frohe Botschaft in Zeiten der Pandemie begreifen? Käme es zur Einigung der Völker dieser Erde, zum Frieden der Menschheit, zur Vergebung ihrer „Sünden"? Oder war es einfach nur Schicksal, eine biologisch Naturkatastrophe, vielleicht sogar der Beginn einer neuen Evolution? Die Ungewissheit konnte Existenzängste hervorrufen, sowohl die Seele erkranken lassen als auch körperliche Beschwerden auslösen.

Wie heißt es in dem Weihnachtslied „O Holy Night" von Adolphe Charles Adam im Jahr 1847 als "Cantique de Noël" komponiert, in der Textfassung von John Sullivan Dwight aus dem Jahr 1855:

O holy night! The stars are brightly shining,
It is the night of our dear Saviour's birth.
Long lay the world in sin and error pining,
Till He appear'd and the soul felt its worth.
A thrill of hope, the weary world rejoices,
For yonder breaks a new and glorious morn.

Fall on your knees! O hear the angel voices!
O night divine, O night when Christ was born;
O night divine, O night, O night Divine.

in deutscher Übertragung

Heilige Nacht, die Sterne festlich scheinen
in der Nacht, als der Heiland gebor'n.
Lange die Welt in Sünde lag und Weinen.
Als Gott erschien war die Seele erfüllt.

Ein Hoffnungsschimmer die dunkle Welt erfreute,
im Glorienglanz ein neuer Morgen hellt.

Fall auf die Knie, oh hör der Engel Stimmen.
Oh göttliche Nacht, in der Christus gebor'n,
oh göttliche Nacht, oh göttliche Nacht.

Auch in diesem Jahr lag die Welt in Weinen, weltweit starben in diesem Jahr mehr als eine halbe Million Menschen an der Pandemie. Die Hoffnung, dass es gelänge, einen wirksamen Impfstoff und Medikamente zu finden, ließ viele Länder zusammenrücken, rief aber auch gleichzeitig in manchem Land ganz besonders die Gier nach Profit und Vorherrschaft wach. Wie antwortete Maria auf die Botschaft des Erzengel Gabriels:

„Siehe, ich bin die Magd des Herrn,
mir geschehe nach deinem Wort."

Die Demut, sich einem größeren Ganzen hinzugeben, nicht nach den persönlichen Interessen oder Vorteilen zu fragen oder dies gar offensiv zu betreiben, könnte eine der größten Herausforderungen oder Erkenntnisse der Verkündigung sein. Sich auszuliefern oder anders gesagt, anzunehmen, was einem widerfährt, ist eine Aufgabe, die uns Gott mitgegeben hat. Denn die Schöpfung folgt nicht den Gesetzen der Menschen. Wir sind nur ein Teil der Schöpfung. Wir können versuchen, sie zu erklären, nachforschen, wie die Dinge zusammenhängen, sich entwickelt haben oder noch werden oder sie uns dienstbar machen. Wir können die Schöpfung jedoch nicht selbst neu schaffen, wir können nur in ihr und mit ihr leben.

Der Hoffnungsschimmer, in einer schwierigen Situation zu überleben, jedem neuen Morgen einen Glorienglanz abzugewinnen, könnte aus der Einsicht erwachsen, dass Menschen zwar ihre Lebenswirklichkeit im jeweiligen Kontext mitgestalten können, aber die Zukunft nicht einfach in ihren Händen liegt. Demut zu üben, ohne den Mut zu vergessen, alles zu tun, um schwierige Lebensumstände zu überwinden, kann dies die Seele erfüllen? Die Antwort darauf kann man nur entdecken, wenn man die Herausforderung annimmt und sich ihr stellt.

Weihnachten als das Fest der neuen Entdeckung der Welt und sich selbst, als Prüfsiegel der Selbstentwicklung, der Bereitschaft, sich auf Neues einzulassen, ohne das Resultat vorher zu kennen oder gar abschätzen zu können, Weihnachten als Gradmesser der Nächstenliebe in Zeiten der Entbehrung? Christ zu sein ist ein anspruchsvolles Unterfangen. Wenn wir innehalten, um uns zu fragen, welche Aufgabe wir erfüllen können, schaffen wir neue Visionen und Realitäten der Nächstenliebe. Viele haben in diesem Jahr viele Visionen und neue Realitäten entstehen lassen. Möge Weihnachten uns die Kraft schenken, darin nicht nachzulassen.

BÜCHER VON VERA HEWENER

Vermisstenanzeige. Gewidmet den ermordeten Juden des Naziregimes. Lyrik und Prosa. Vera Hewener. Libri BoD. Norderstedt 2000. ISBN 3-8311-0748-3. 2. erw. Auflage 2014. ISBN 978-3831107483.

Lichtflut. Reisenotizen. Lyrik und Prosa. Vera Hewener. Edition Calamus. Norderstedt 2001. ISBN 3-8311-1493-5. 2. erw. Auflage 2014. ISBN 987-3831114931.

Eine Neigung aus Blau. Gegenwartslyrik. Vera Hewener. Norderstedt 2002. ISBN 3.8311-3334-4. 2. Auflage 2014. ISBN 9783831133345

Bist Himmel mir und tausend Feuerfunken. Gedichte. Vera Hewener. Mauer Verlag. Rottenburg a/N. 2003. ISBN 3-937008-46-2.

Verwirbelungen der Zeit. Vera Hewener. Lyrik mit Bildern von Carolin Isele. WiKu Éditions Paris E.U.R.L. Paris und WiKu Verlag KG Berlin 2005. ISBN 3-86553-203-9.

Es kommen andere Ewigkeiten. Gedichte. Vera Hewener. WiKu Édition Paris ISBN 2-84976-0188 WiKu Verlag 2007. ISBN 978-3-86553-189-6.

Himmelsstürme. Vera Hewener. Gedichte mit Fotografien. edition Wort Verlag Bitburg 2010. ISBN 978-3-936554-00-3.

Das Jahr: Dichtung in vier Sätzen. Vera Hewener. Gedichte mit Fotografien. BoD Books on Demand Norderstedt 2013. ISBN 978-3-7322-3168-3.

Zaubervolle Winterwelt. Gedichte, Geschichten, Notizen. Vera Hewener. Verlag BoD Books on Demand. Norderstedt 2014. ISBN 9783735761262.

Frühlingsserenade. Die schönsten Gedichte, Geschichten und Notizen zur Frühlingszeit. Vera Hewener. Verlag BoD Books on Demand. Norderstedt 2015. ISBN 978-37347-3140-2.

Die Blüte des Sommers. Sommeranthologie. Die schönsten Gedichte, Geschichten und Kalendernotizen. Vera Hewener. Verlag BoD Books on Demand. Norderstedt 2015. ISBN 978-3-7347-89540.

In der Saar schwimmen keine Krokodile. Gegenwartslyrik & Texte. Vera Hewener. Verlag BoD Books on Demand. Norderstedt 2015. ISBN 9783738635676

Von Lorraine nach Aquitaine. Reisenotizen in Lyrik und Prosa. Vera Hewener. Verlag BoD Books on Demand. Norderstedt 2016. ISBN 9783741210860.

Du trocknest meine Tränen wieder. Religiöse Lyrik & Texte. Vera Hewener. Verlag BoD Books on Demand. Norderstedt 2016. ISBN 9783743113589.

Zaubervolle Jahreszeiten. Der Frühling. Vera Hewener. Verlag BoD Books on Demand. Norderstedt 2017. ISBN 9783743125117.

Aus meinem Federkiel. Magische Momente. Natur & Seele. Gedichte. Vera Hewener. Verlag BoD Books on Demand. Norderstedt 2017. ISBN 9783744870511.

Zaubervolle Jahreszeiten. Der Sommer. Vera Hewener. Verlag BoD Books on Demand. Norderstedt 2017. ISBN 9783744870993.

„Kerzen, Wunder, Himmels-Zunder". Vera Hewener. Lustige und besinnliche Geschichten und Gedichte zur Advents- und Weihnachtszeit. Verlag BOD Books on Demand. Norderstedt 2017. ISBN 9783744893824. 2. Ausgabe 2019. ISBN 9783738629682.

Die Jahreszeiten: Auslese. Gedichte. Vera Hewener. Verlag BOD Books on Demand. Norderstedt 2018. ISBN 9783738636017

Werkausgabe Band I. Frühe Gedichte 1970-1999. Verlag BOD Books on Demand. Norderstedt 2018. ISBN-13: 9783746025292

Kinder, Hund, Familienbund. Lustiges, Tierisches und Allzumenschliches in Lyrik und Prosa. Vera Hewener. Verlag BOD Books on Demand. Norderstedt 2018. ISBN 9783746056821

Zaubervolle Jahreszeiten. Der Herbst. Vera Hewener. Verlag BoD Books on Demand. Norderstedt 2018. ISBN 9783752842135

Christnacht, Glocken, Engelslocken. Gedichte und Geschichten zur Weihnacht. Vera Hewener. Verlag BoD Books on Demand. Norderstedt 2018. ISBN 9783748107637. 2. Ausgabe 2019. ISBN 9783741251641

In der Saar feiern die Fische. Gegenwartslyrik & Szenen. Vera Hewener. Verlag BoD Books on Demand. Norderstedt 2019. ISBN 9783732237142. 2. Auflage 2020. ISBN 9783752810080

Von Brandasund bis Nasholim. Reisegedichte, lyrische Ausflüge, Geschichten und Notizen. Vera Hewener. Verlag BoD Books on Demand. Norderstedt 2019. ISBN 9783732235841.

Tannen, Lobgesang, Weihnachtsklang. Gedichte, Geschichten, Liedtexte und Bühnenstücke zur Advents- und Weihnachtszeit. Vera Hewener. Verlag BoD Books on Demand. Norderstedt 2019. ISBN 9783750400030.

In der Saar tanzen die Schwäne. Gedichte, Geschichten & Szenen. Vera Hewener. Verlag BoD Books on Demand. Norderstedt 2020. ISBN 9783751921060.

Zaubervolle Weihnachtswelt. Geschichten, Gedichte, Stücke & Notizen zur Advents- und Weihnachtszeit. Vera Hewener. Verlag BoD Books on Demand. Norderstedt 2020. ISBN 9783752606409.

Weihnachtsklang, Lobgesang. Deutsche Gedichte und Nachdichtungen internationaler Weihnachtslieder, Gospels, Spirituals und deutsche Weihnachtslieder in moselfränkischer Mundart. Vera Hewener. Verlag BoD Books on Demand. Norderstedt 2020. ISBN 9783752606393.

Sodom und Camorra. Kurze Bühnenstücke für viele Gelegenheiten. Vera Hewener. Verlag BoD Books on Demand. Norderstedt 2020. ISBN 9783752606386

Oh Frühling, komm! Natur, Stadt & Land. Die schönsten Frühlingsgedichte. Vera Hewener. Verlag BoD Books on Demand. Norderstedt 2021. ISBN 9783753439594

Oh Sommer, leuchte. Natur, Stadt & Land. Die schönsten Sommergedichte. Vera Hewener. Verlag BoD Books on Demand. Norderstedt 2021. ISBN 9783753421414

Oh Herbst, wandle!. Natur, Stadt & Land. Die schönsten Herbstgedichte. Vera Hewener. Verlag BoD Books on Demand. Norderstedt 2021. ISBN 9783754320655

Ohn Winter, schneie! Natur, Stadt & Land. Die schönsten Wintergedichte. Vera Hewener. Verlag BoD Books on Demand. Norderstedt 2021. ISBN 9783754347034

.